什么是服务

全面提升员工素质的必备武器

陈淑君 著

重庆大学出版社

为人民服务！

毛泽东

卷首语

这不是一本传统意义上讲服务的书，这是全面提升团体员工素质的必备武器，这是团体由小到大、由弱到强的催化剂和助力器。

中国缺什么？缺服务！缺有良好服务意识的高素质服务群体人才。

未来拼什么？拼服务！只有拥有最完美服务的团体，才是客人永远用行动和货币去支持的团体；只有体现了最美好服务的个体，才能成就最辉煌的人生；只有实现了他人满意，才能实现我们做大做强的愿望！

目录

美

第三章

好

第四章

不

第五章

投

第六章

机

第七章

序

当您翻开此书的时候，也许您会说："喔，这不适合我，因为这是讲服务的书，我是做……"里奇·波特是里奇·波特房地产公司董事长，该公司致力于住宅房地产开发，是全美较大的一家房地产公司，他认为他的成功之道在于服务；比尔·J. 布里斯南是美国最大的有线电视公司——TEL 公司有线电视部门的总裁，他常说的一句话是："我们是做服务的。"不管从事什么行业、担任什么职务，我们每一个人都是在做服务，或者我们可以这样理解，所有的行业都是广义的"服务业"，所以这是一本写给各行各业人士的书。无论您是边防战士或是政府公务员，无论您是饭店员工或是银行职员，无论您从事什么行业、什么工种，您从事的每一份职业以及进行的每一件具体的事情，归根到底都是为他人提供方便，为他人服务。

有人说：中国最不缺少的是人，最缺乏的是人才。具有高素质服务意识的人才更是凤毛麟角。服务他人就是服务自己，成就他人就是成就自己，具有这样服务理念的人才，是每一个团体争先恐后抢夺的奇才，得之，幸哉！所以，这本书能够帮助您正确认识自己，正确评价服务，把自己培养成高素质的人才，让自己在人生的舞台上将每一出戏演绎得更加精彩夺目！

2005 年，第一次收到国航客舱部总经理梁富华的邀请，去为中国民航的精英服务组“金凤组”讲授服务课程时，我们领导曾经善意地提醒我，民航就是一个服务行业，行业内讲授服务的老师举不胜举，许多人讲了几十年也没有什么影响，那些端茶倒水的小事你还能讲出花样？趁早拒绝吧，可别毁了你的“一世英名”，专心地把领导科学课程讲好就可以了。我一方面非常感谢领导的好意，另一方面又开始琢磨，服务真的就只是端茶倒水的小事吗？如果这样理解服务，这样看待服务工作是否太过简单？太肤浅了？不善拒绝的我还是硬着头皮接受了国航的邀请，战战兢兢地站到了“金凤组”的舞台上。

今天，11 个年头过去了。11 年来，我从一个对服务完全陌生的过客成长为一名有“粉丝”的教授；11 年来，我从民航行业的服务教授逐步走向全国，我欣慰地感受到各行各业对客人的关注、对服务的重视、对员工成长的期待。11 年来，除致力于行业内外服务意识、服务沟通、服务技巧、服务质量、服务管理、服务流程再造、服务危机处理等所有与服务有关的课程的教授外，更是不断对服务进行思考，随着思考的深入，越来越坚定地认为：服务真不是简单的端茶倒水。

“革命不是请客吃饭”，“服务不是端茶倒水”。真正的服务是企业上下为客人着想的心，有了这份心，才有积极提供满足客人需求的服务产品的愿望，才有不断关注客人感受的行为，才有客人满意我开心、客人开心我幸福的强烈情感满足。任何一点服务细节的疏漏，任何一点客人的抱怨，任何一点客人的不开心，都应该让我们反思再反思、改进再改进，只有这样，我们的服务才会越来越好，越来越适合客人需要。从这个角度理解，服务无止境。

服务不是端茶倒水，但端茶倒水却是服务最基础的工作，因此强调服务的同时一定要加强“端茶倒水”的基本功训练，让我们端的茶香气四溢，让我们倒的水水到渠成。只有意识到位、礼仪得体、行为规范的员工才可能让“端茶倒水”成为一道美丽的风景。

服务不是简单的端茶倒水，但又离不开端茶倒水，有了好的服务意识，才能够端好茶倒好水，也只有端出最香的茶、倒出最甜的水，服务意识才能够通过一些具体的行为体现，才是客人需要的最完整的服务内容。

我们应该明白：什么样的服务是他人满意的服务？什么样的服务才是有效的服务？我们应该怎样做才能让我们的服务更美好？10多年来，在教授和实践服务的基础上，我一直在思考和探索，教科书上告诉我们服务的理论和技巧，但我始终认为简单的、低层次的服务技能培训教育不出优秀的企业员工，服务意识的培养是服务培训的最高境界，更是完美服务的基础，所以这也是冲击培训观念、改变传统培训内容和方法的书。重视意识的培训就是重视员工。重视服务意识的渗透，就是重视组织的发展和未来。

服务不仅仅是理论的学习和服务技巧的培训，更重要的是服务意识的培养。首先，提供服务的人应该学习做人的道理，完美的服务一定是具有完美人格的人提供的，而且是一步一步、踏踏实实做出来的，任何形式的投机取巧都不可能让他人对服务满意。当然，也许有人会批驳这太理想，现实不需要这样，投机取巧的人同样可以拥有利益。是的，不排除投机取巧可以在短时间内蒙骗他人而获得利益，但这不会长久，终有一天，当我们社会市场机制越来越完善，当我们国人的素质越来越高，服务变得越来越重要时，做人是否成功将直接影响服务质量和效果。我为人人，人人为我，互相帮助，互相支撑而又互相服务，我认为从这个角度去理解服务会让更多的人明白，我在为别人服务的同时，别人也在为我服务；我在努力让别人开心的时候，别人也在煞费苦心地令我满意，这将是多美的良性循环。

在创作和再版该书的过程中，得到了许多朋友的支持和帮助，中国国际航空公司客舱部的梁富华总经理启发了我的创作灵感，重庆大学出版社的张维编辑以及出版社的员工为该书的第三次出版做了大量工作，在此，一并表示衷心的感谢！同时，在创作该书的过程中，我还参阅了大量的文献资料和网络资料，对于这些资料的原作者，我也深表谢意！

心要美好不投机是服务的理念，也是本书的主线，更是本书作者对您的良好祝愿，美好的心灵、美好的人格、美好的行为带来美好的世界。欣慰的是这些思考已经变成了文字，并逐步完善到一版及再版的书稿里。随着发行量的增加，这些理念在影响许多人的思维习惯和行为方式，看到每一位读者的邮件，他们的故事和成功在感动他们的同时，也在深深地感动我，所以，我在这里对我过去的读者以及将要阅读本书的您表示深深的谢意！有您的支持，我的服务将更完美！

请您在阅读本书之前，先耐心地完成下列问卷，它有助于您正确认识您的优势，可以有针对性地阅读本书的部分内容。该问卷总分80分，由“非常同意”到“强烈反对”依次是1～5分，如果您的分值在50分以上，恭喜您已经基本具备良好的服务意识和服务技巧。

服务素质测试问卷

请针对下面的提问选择您的答案：非常同意、有些同意、不知道、反对或强烈反对。

1. 我个人的工作技巧比让他人满意更重要；

2. 大伙儿都认为我的脾气不好；

3. 有些人确实刁蛮、非常讨厌；

4. 很多时候，我必须让别人知道我是对的；

5. 办事就是应该按部就班；

6. 他人是“舞台的中心人物”；

7. 在单位里，老是有人让我生气；

8. 心情高兴时，我的态度也会很好；

9. 如果受到无理指责，我的态度无法好起来；

10. 让那些刁蛮的人哑口无言是一件快乐的事情；

11. 我的工作应该引人注目；

12. 别人都不认为我是一个乐于帮助别人的人；

13. 我喜欢工作中的新变化；

14. 在见到每一个人时，我不会面带微笑；

15. 客人不可能永远是对的；

16. 我没办法强迫自己去讨好别人。

服务首先要有服务意识

在探讨服务意识以前，首先我们必须明白什么是意识。

意识是人脑对客观事物间接的和概括的主观反应。更准确的说法应该是：意识是人脑对刺激的反应。

我们知道，锤子敲击钢板时，钢板会变形。钢板变形而产生的力一部分通过弹性的方式以反作用力的形式作用于锤子，剩余部分因挠性而使本身产生永久性变形。这就是钢板对锤击的反应：有对外（锤子）的，也有对自身的。

意识也是人脑对刺激的反应。意识的结果一方面通过人体器官作用于外界，另一方面也通过改变人脑本身的结构而形成记忆。

当感官接受刺激时，这些刺激转化为电或化学信号，通过神经纤维传导到大脑，在大脑中沿着相连的神经网络通道进行传导。直到对外界刺激形成有效反应时输出终止。传导的过程，即意识的过程。意识是人的头脑对于客观事物、事件的反应，是感觉、思维等各种心理过程的总和，其中的思维是人类特有的反映现实的高级形式，是发自人们内心的本能和习惯。

许多年前，一个妙龄少女来到东京帝国酒店当服务员。这是她涉世之初的第一份工作，也就是说她将在这里正式步入社会，迈出她人生第一步。因此她很激动，暗下决心：一定要好好干！但她想不到的是：上司安排她洗厕所！

洗厕所！实话实说没人爱干，何况她从未干过粗重的活儿，细皮嫩肉，喜爱洁净，干得了吗？洗厕所时在视觉上、嗅觉上以及体力上都会使她难以承受，心理暗示的作用更是使她忍受不了。当她用自己白皙细嫩的手拿着抹布伸向马桶时，胃里立马“造反”，翻江倒海，恶心得几乎呕吐却又呕吐不出来，太难受了。而上司对她的工作质量要求特高，高得骇人：必须把马桶抹洗得光洁如新！

她当然明白“光洁如新”的含义是什么，她当然更知道自己不适应洗厕所这一工作，真的难以实现“光洁如新”这一高标准的要求。因此，她陷入困惑、苦恼之中，也哭过鼻子。这时，她面临着这人生第一步怎样走下去的抉择：是继续干下去，还是另谋职业？继续干下去——太难了！另谋职业——知难而退？人生之路岂有退堂鼓可打？她不甘心这样败下阵来，因为她想起了自己初来时曾下的决心：人生第一步一定要走好，马虎不得。

在此关键时刻，同单位一位前辈及时地出现在她的面前，他帮她摆脱了困惑、苦恼，帮她迈好这人生第一步，更重要的是帮她认清了人生路应该如何走。但他并没有用空洞理论去说教，只是亲自做个样子给她看了一遍。

首先，他一遍遍地抹洗着马桶，直到抹洗得光洁如新；然后，他从马桶里盛了一杯水，一饮而尽喝了下去！竟然毫不勉强。实际行动胜过万语千言，他不用一言一语就告诉了她一个极为朴素、极为简单的真理：光洁如新，要点在于“新”，新则不脏，因为不会有人认为新马桶脏，也因为新马桶中的水是不脏的，是可以喝的；反过来讲，只有马桶中的水达到可以喝的洁净程度，才算是把马桶抹洗得“光洁如新”了，而这一点已被证明可以办得到。

同时，他送给她一个含蓄的、富有深意的微笑，送给她一束关注的、鼓励的目光。这已经够用了，因为她早已激动得几乎不能自持，从身体到灵魂都在震颤。她目瞪口呆，热泪盈眶，恍然大悟，如梦初醒！她痛下决心：“就算一生洗厕所，也要做一名洗厕所最出色的人！”

从此，她成为一个全新振奋的人；从此，她的工作质量也达到了那位前辈的高水平，当然她也多次喝过厕所水，为了检验自己的自信心，为了证实自己的工作质量，也为了强化自己的敬业心；从此，她很漂亮地迈好了人生的第一步；从此，她踏上了成功之路，开始了她的不断走向成功的人生历程。

几十年光阴一瞬而过，后来，她成为日本政府的主要官员——邮政大臣。她的名字叫野田圣子。

长期“把马桶抹洗得光洁如新”的习惯和本能让野田圣子表现出她强烈的敬业心：“就算一生洗厕所，也要做一名洗厕所最出色的人。”这一点就是她成功的并不神秘的奥秘之所在；这一点使她几十年来一直奋进在成功路上；这一点使她拥有了成功的人生，使她成为幸运的成功者、成功的幸运者。

服务意识是指企业全体员工在和一切与企业利益相关的人或企业的交往中所体现的为其提供热情、周到、主动的服务的欲望和意识，即自觉主动地做好服务工作的一种观念和愿望。它发自服务人员的内心，它是服务人员的一种本能和习惯。这种本能和习惯排除了：服务结果必将受到的奖惩因素、服务组织的相关制度约束和服务岗位的职责要求等的影响，使人们依然会有努力做好每一件事情的愿望。这样的愿望的表现形式是：领导在与不在一个样，客人表扬不表扬一个样，制度约束不约束一个样。

内心的本能愿望来自哪里？这里有很多种说法：一部分人认为这是我们与生俱来的本性；还有一部分人认为是后天训练的结果；而我们的专家却认为这与幼年时的教育有关。在中国许多地方的餐厅里经常看到这样的场景，桌上杯盘狼藉、地面污水遍地，服务员一脸冷漠地站在那里，爱搭不理地进行着机械的服务，这种“冷、硬”的服务态度让就餐客人毫无食欲。“冷、硬”是中国人的本能吗？在中国大江南北的街头，麦当劳比比皆是，其生意红红火火，而麦当劳的员工基本上是地地道道的中国人，他们的服务让人感觉到的却是热情和满意。同样是中国人的服务，一边是冷漠和不满，一边是热情和满意；一边是关门大吉，一边是红红火火。所以人们内心本能的愿望不可能是与生俱来的本性，它应该是后天的训练或是幼年教育的结果。麦当劳进入中国不仅仅是带来了洋快餐，更是带来了世界上先进的经营模式和培养教育员工的模式，带来了新的经营理念和服务理念。

不管后天的训练或是幼年教育，都依赖于我们的社会教育系统的完善。看看世界上任何一个伟大的民族和伟大的企业，他们的社会教育系统是如何的有效。曾经有一个东方人在欧洲某国看到这样一幕：

> 一个中年男人在询问一个守着两根钓鱼竿的男孩（为了保护生态，许多欧洲国家规定，每一位垂钓者只可以使用一根钓竿）：“你一人？”男孩回答：“还有一伙伴，上洗手间去了。”说话间，另一小男孩匆匆跑过来了。这时，中年人又问：“你们有本吗？”（同样，为了维持生态平衡，许多国家法律规定垂钓者必须向相关的管理机构申请，获准后才能够进行）两男孩一边回答“有的，有的”，一边飞

快地从裤兜里掏出本来。然后，中年人又指点了他们几句，满意地离去。

事后，该东方人知道，这名男子既非该处的管理者，亦非孩子的家长和老师，只是与他一样的过路人。东方人不明白了，他为什么要这样“多管闲事”呢？随着对欧洲的进一步了解，东方人发现，类似这样的“多管闲事”在当地非常普遍。在那里，每一个人都兼具受教育者和教育者的双重身份，任何一个人都可以向别人指出其有违社会公德和社会文明的行为，并仔细地示范正确的行为方式，所有被教育的人，不论年龄、社会地位如何，都能够非常虚心地接受别人的指正。完善而有效的社会教育体系才能训练出伟大的民族和优秀的企业员工。

现代人还必须具有现代的服务意识（观念），现代服务意识包括：先做好服务工作，解决他人的实际问题。规定、报酬和责任，应该放在服务之后来解决；为他人服务的目标是让他人满意，企业的最终追求是利润；信守服务承诺，用心服务并乐于为别人服务，给他们带来欢乐！

在我们的企业里，许多单位能够做到对员工上岗前的服务技能培训、上岗中的服务技巧训练，甚至是客人不满时候的危机处理能力的训练，但几乎或者很少有企业领导意识到服务意识在所有的服务培训中是重中之重。一个员工有了正确的服务意识，有了主动为客人服务的愿望，有了让客人满意的动因，他一定会自己努力去提升服务技能，去琢磨客人的心理，从而提升服务技巧和解决任何可能出现的服务难题。如果员工没有正确的服务意识，再多的服务技巧培训都只能是饮鸩止渴。

有了良好服务意识的员工，在对客服务中能够做到主动服务、主动沟通。主动服务、主动沟通可以第一时间化解客人对服务的不满，可以有效地进行服务补救，可以弥补由于准备不足而导致的遗憾。主动服务是服务意识中最重要的习惯，也是服务者必须掌握的服务技巧。在客人想表达但还没有表达出自己需求的时候，我们能够及时主动地满足客人的需求。对客人而言，被重视的感觉将是客人莫大的幸福。

第一章

服务发自内心

在《现代汉语词典》中，对服务有这样的解释："服"，担任（职务）；承担（义务或刑法）；承认；服从；使信服。"务"，事情、事务；从事、致力。"服务"就是为集体（或别人）利益或为某种事业而工作。

根据《现代汉语词典》的解释，我们这样来定义服务：

服务就是为他人利益或为某种事业而工作，以满足他人需求的价值双赢的活动。服务是一种人与人之间的沟通与互动。这样的沟通和互动来源于所有人之间，来源于每一个行业，从这个角度理解，我们每一个人都是在从事服务，各行各业都是服务行业。

人与人之间的沟通与互动，需要发自内心。因此我们应该认识到服务是从心开始的。服务必须发自内心，如若不然，再深的理论、再多的培训和再好的培训都无济于事。您能够解释有关服务的知识和原理，也能够让人确信提供良好的服务是必需的，但这仍不足以对服务人员产生持久的影响，因为许多从事服务的人并不是真正用心去服务，他们总是抱怨："为什么要我去伺候别人？""为什么我要受客人的气？""为什么倒霉的事情全让我碰上了？"

有时候，我们在做服务时不要把思维停留在"为什么"上，而应该集中在"去做些什么""还能做什么""怎样做客人才能够满意"上，这样会好一点。设想一下：如果一个人被箭射中后，没有人去关心和医治他的伤，而是不断地问："谁射的箭？为什么会射中这个人？箭从哪里来？又会射向哪里？"请问这些对解决问题有什么帮助吗？实际上，受伤者急需解决一个问题——尽快拔出箭，并得到医治。

1. 乐于为别人服务，并给他们带来欢乐

服务客人来自于您自己的意愿：乐于为别人服务，并给他们带来欢乐。看到您的客人开心的笑容，那就是您服务的原动力。您越是爱您的客人，客人给您的爱也越多；反之，您越不喜欢您的客人，您就会得到越多不愉快的回应。因此"乐于为客人提供服务，并给他们带来欢乐"应是您内心本能的愿望。这一愿望应该是排除了单位的规章制度约束而被迫的服务行为，也不是因为物质利益的诱惑使您想去做的服务行为，更不因为这是您必须完成的任务而无奈的服务行为。乐于为别人服务，并给他们带来欢乐已经是您生活中的一种习惯，没有了这种习惯，您的生活将毫无快乐。这样的一种

服务，我们的客人才会满意，这是通向完美服务的第一步。

有一个叫波尔特的年轻人，他是纽约某一饭店的员工。在一个寒冷的夜晚，他在饭店值班，快到深夜的时候，他已经巡视完了饭店的其他地方，来到了饭店的大堂。他看到一对老年夫妇正与饭店前台员工说着什么，然后，老人家拖着疲惫的身体往饭店大门而去。看到客人衰弱疲惫的样子，波尔特就想到了自己在家乡的母亲，本能地让他觉得不能让老人家失望，老人家太累了，他们应该得到很好的安排和照顾，于是他叫住了将离去的老人。在饭店客房已经全满的情况下，他安排员工在他的办公室支上了床，生上了炭火，一间温暖、舒适的临时客房诞生了。这对老人在遭遇无数拒绝以后，在身心都极度疲惫的时候遇到了好人，在这温暖的房间里，美美地休息了一个晚上。波尔特的这种做法对现代饭店的从业人员来说是否合适暂且不去谈论，但波尔特用心为客人服务的精神，以及对老人的怜爱却是服务人员应有的感情。

第二年，该城市有了一座豪华饭店，在饭店的开业典礼上，老人讲述了一年前发生在他们夫妇身上的感人的这一幕。然后，老人非常激动地宣布：我把这家饭店交给波尔特先生管理。这是作为对他在纽约寒冷的冬夜，为我们夫妇借宿一夜的那种温柔的怜爱的感谢。我们夫妇相信，我们将我们毕生的心血交给这位年轻人去经营，他一定会让全世界的人都能够感受到温暖，它也将是世界上最好的饭店。老人的感觉没有错，这位年轻人不仅将饭店经营成了世界上最有名的饭店，而且，通过饭店，年轻人的爱和美在人们的心中传递。

类似的故事每天都在上演：

在美国费城，一个阴云密布的午后，突然下起了暴雨，行人纷纷到就近的店铺躲雨。一位浑身湿透的老妇人，走进了费城百货公司，她衣着简朴，显得很狼狈，所有的人都对她视而不见。

唯有一位年轻人主动上前对她说："夫人，我能为您做点什么？"妇人微笑着说："不必了，等雨停了，我马上就走。"雨还在不停地下，不像马上就要停的样子，老妇人显得越来越不安，在别人的屋檐下躲雨，不买点东西似乎不近人情。于是，在商店里转悠起来，可是没有看到合适的东西，她很窘迫，露出了茫然之色。年轻人见状走了过来，说："夫人，您不必为难，我给您搬来了一把椅子，您坐着休息一会儿吧。"老妇人向年轻人道了谢，并执意要了张名片就离开了。

几个月后，费城百货公司的总经理收到了一封信，信中要求将这位年轻人派往苏格兰收取装潢一整座城堡的订单。这封信带来的收益相当于百货公司两年的利润总和。原来，这封信就是老妇人写的，她就是美国“钢铁大王”卡内基的母亲。这位年轻人名叫菲利，几年后，他凭着踏实和真诚，成为卡内基的左膀右臂，事业扶摇直上，飞黄腾达。

其实，生活中的奇迹往往就发生在不经意间，有时是您的一句问候；有时是您的一个举手之劳；甚至是您的一个微笑或肯定的眼神。只要您乐于为别人服务，并为他们带来快乐，这些事就是您极易做到的小事，但功用却无比巨大。

2. 服务的黄金法则：“种瓜得瓜、种豆得豆”

服务的黄金法则就是：想要别人怎样对待您，您就怎样去对待别人。

美国著名作家、学者爱默生在文章《报酬》中写道：“每一个人会因他的付出而获得相对的报酬。”“在生活当中，每一件事情，都存在着相等与相对的力量。”也就是说不管您付出的多寡，您永远会得到与付出相对的报酬。您今天的收入是您过去努力的报酬。假如您要增加报酬，您就要增加您的贡献价值。从长远来看，您的报酬绝对不会超过您的付出。

一个人的心态、快乐与满足感，事业与人生的丰收，都是付出心态的结果。生命当中最大的满足感，生命当中最喜悦的事情，永远是来自于您对别人所提供的服务之中。它永远是来自于您做了一件好事，或者是对别人提供了什么有价值的事物，而当您越多做一些增加您服务价值的事情时，您就会感觉到您自己越快乐，就会获得越多的回报。

在报酬法则之外还有另外一种超额报酬法则，也就是说："只要您在提供服务上多下功夫，您的回收一定会增加。永远多走一里路，永远做多于所应当做的，当您在不断地付出，不断地付出多于您所应当付出的，您就一定会获得倍增的补偿。"

宇宙是圆的，想得到爱，先付出爱；要得到快乐，先献出快乐，您播种终会收获，只问耕耘不问收获的人，没有什么事情做不成，也没有什么地方到不了。

服务者永远要记住这句话："任何一份私下的努力，都会有双倍的回报，并在公众场合被展示出来！"

根据服务的黄金法则，我们知道"种瓜得瓜、种豆得豆"，我们在付出的同时，在服务的同时，也赢得了自己的将来！

在一个又冷又黑的夜晚，一位老妇人的汽车在半路上抛锚了。她等了半个多小时，总算有一辆车经过，开车的男子见此情况便下车帮忙。几分钟后，车修好了，老妇人问他要多少钱，他回答说，他这么做，只是为了助人为乐。但老妇人坚持要付些钱作为报酬。中年男子谢绝了她的好意，并建议把那些钱给比他更需要的人。最后，他们各自上路了。老妇人到了一家咖啡馆，一位身怀六甲的女招待即刻为她送上一杯热咖啡，并问她为什么这么晚还在赶路。于是老妇人就讲述了刚才遇到的事情，女招待听后感慨这样的好心人现在真难得。老妇人问她怎么工作到这么晚，女招待说是为了迎接孩子出世而需要第二份工作的薪水。老妇人听后执意要女招待收下200美元小费。女招待惊呼她不能收下这么一大笔小费。老妇人回答说："您比我更需要它。"女招待回到家，把这件事告诉了她的丈夫，您知道吗？原来她的丈夫就是那个好心的修车人。

这些故事讲出了这样一个道理：种瓜得瓜，种豆得豆。我们在服务的同时，也种下了自己的将来。您做的一切都会在将来的某一天、某一时间、某一地点，以某一方式，在您最需要它的时候回报给您。

3."用心为客人服务，并给他们带来欢乐！"

用心服务，最大的受益者是自己；糊弄客人，最大的受苦者也必定是自己。

所有成功的人，都是懂得用心去服务的人，用心服务是一种服务态度，更是一种服务方法和服务哲学。要想成为一名优秀的服务者，必须做到：

认真做服务只能把服务做对，用心做服务才能够把服务做好。

全力以赴是做好服务工作的前提，更是用心服务的最佳表现形式。

用心服务，就要全身心投入到服务工作中，在服务中多动脑筋、多想办法，以期找到最好的解决服务问题的方案。

那么怎样才是用心呢？站在客人利益的角度用心体察客人意图，掌握客人的个性和心态，只有这样才能和客人保持心理上的“零”距离，形成亲和力。其次就是要求我们对待客人要热心，也就是把每个客人都当作我们的亲人和朋友，从心底认识到客人的事情就是我们自己急于处理和解决的事情。对于客人向我们反映的每一个问题，都要有认真全面的记录，查清楚事情的缘由，这就要求我们放弃简单的、完成任务式的、敷衍了事的思想，而是应全面周到地站在客人的立场上替客人着想，有些时候甚至是客人还没有想到、没有倾诉的事情，我们就会帮助他了解、建议和协调。用心服务、和客人做朋友，才应是完美服务的最高境界。

要想让客人把您当作倾诉的知心朋友，必须实实在在用心去做，只有用心，我们才能站在客人的立场和角度去考虑问题；只有用心，我们才能关注和理解客人的个性化需求；也只有用心，我们才能做到超越客人的欲望，想客人所未考虑到的问题，做我们应该做和替客人着想所需要我们做的事情。当我们真正用心去给客人提供服务时，您就会发现，客人并不是我们想象中的那么难以打交道；当我们尽心尽力地为客人服务时，再无理的客人也会为之感动，客人简单的一句“谢谢”，在我们听来都是那么的悦耳动听，这就是客人给我们带来的最好的礼物，最终我们用心的服务，让我们的企业、我们的客人融为一体。

用心去和客人交流，用心去和客人沟通，用心去帮助客人解决问题和困难。

用心为客人服务，关注客人感受，不仅是一种企业服务理念，更是要用制度来保障、用流程来规范的服务行为。没有这些基础性工作的建设，关注客人感受只会是空中楼阁、一句空话。

用心为客人服务，关注客人感受，还需要我们员工在对客服务中，学会换位思考，察言观色地关注客人的一言一行，培养服务的眼力见儿。

4．“用心为客人服务”是服务基本层面中的高级层面

现代中国人的服务通常有下列几个层面：

（1）用利服务（底层）

有些企业或个人十分浮躁、急功近利、目光短浅，甚至见利忘义，搞“一锤子买卖”。利润至上、急功近利，是个人发展受阻，企业做不大或做不长，行业做不强的原因。这种服务称为“低劣的服务”。

（2）用力服务（次底层）

相当多的服务仍停留在这个层面。把服务当成一种简单的工作，不动脑筋，只管制度面前人人平等，哪管客人的感同身受。面对客人的正当要求，“对不起，这是我们的规定”成了最好的挡箭牌。制度是必要的，但任何制度都是相对滞后的，让客人感到腻烦的制度、

把客人气跑的制度是应该修改的。员工认为这种服务省事省心不担责任，这是一种“消极的服务”。

（3）用心服务

确实把服务当成心爱的事业，把客人当成心爱的“人”，投入真情，感恩戴德，亲情回报，细心、精心、留心服务，让客人舒心，最后达到价值双赢。这种服务称为“卓越的服务”。

一个人的服务意识有多少，就会得到多少回报。如果一点都没有，或是一点也不肯付出，工作散漫，以自我为中心，甚至孤傲自大，任何一个企业都不会把这样一个“毫无服务意识”的员工留在企业里。

服务意识是服务人员提供优质和满意服务的前提，我们企业长期存在只重视服务技能和服务技巧的培训，而忽略服务人员的服务意识培训。所以，经常会有从我们的服务程序和服务技巧上来说无可挑剔的服务，可客人却依然不满，甚至投诉。

“向客人提供的服务，也就是给自己的未来多了一点机会，堆积起来就是一个大机会。”换一句更通俗的话——我们不是为别人工作，而是在为自己工作。为自己工作：从浅里讲，我们是在靠工作给自己挣钱；从深一些理解，我们的努力终会有回报，几分耕耘几分收获。

积极、主动、用心地为客人服务，为我们的未来服务，这是我们必须倡导的最基本的服务意识。

一份关心、一片爱心，服务发自内心。最具体的表现就是“用心为客人服务”。用心为客人服务要求用您的真心爱客人、用您的细心观察客人和用您的诚心打动客人。我们每一个人都曾经爱与被爱过，当我们爱着他人时，被爱的人的一举一动、喜怒哀乐都让我们注目和牵挂。如果，我们将这份注目和牵挂放在我们的客人身上，我们的客人将感受到被人关心和爱的幸福，这样的服务一定会是最满意的和最终生难忘的。用心爱您的客人，仔细地去观察他的行为，把他表达的和没表达的愿望和需求放在您的心中，让您的服务去满足他，让他开心，让他满意。

> 在某饭店的客房部，员工在为客人整理房间的时候发现客人的枕头中间有一条折痕，该员工马上意识到客人对客房枕头的高度不满意，但客人没有表达他的不满。于是，当晚，客人回到房间时，意外地发现床上多了一个枕头，那天晚上，客人睡了一个甜甜的觉。从此以后，这位客人只要到这个城市就再也不去其他饭店了，而且，他还为该饭店带来了许多新的客人。

一份关心、一片爱心，服务发自内心。这不是一句口号，更不是一时的冲动行为，它应该是服务人员的一个良好习惯，这个习惯在服务的时时刻刻都能够体现出来。当客人在机舱里睡觉时，如果有心就会考虑客人的体温在下降，及时到位地为客人盖上毛毯，让客人在整个旅程中感受到温暖而非寒冷。这应该是所有空乘的习惯。

当客人在酒店前台边抽烟边登记住宿时，如果有心就会及时递上烟缸，以免烟头灼伤客人的手指头。

曾经听过这样一个故事：

> 有一天，日本的三菱汽车销售店迎来了一位衣着寒酸的老人，他对热情迎客人的职员解释，他是因为外面酷热难当，想享受一下空调才走进来的。虽不是想象中的客人，但服务人员依然热情不减，她为老人送上一杯冰水，并扶老人到豪华的沙发上休息。当老人起身观看展示的汽车时，服务小姐又走过来热情详细地介绍不同款式的汽车及其性能，对老人“我并不想买，也买不起”的答谢，她的回答是：“没有关系！”故事的结局是，老人出乎预料地买了十几台货车。

看到这里，您有什么想法？服务发自内心，这就是完美服务的第一点。发乎内心的、具有强烈服务意识的服务才可能构成完美服务，它是通向完美之路的重要的第一步。

小结

◎ 良好的服务意识是服务者发自内心的服务本能和习惯，这种本能和习惯排除了：服务结果必将受到的奖惩因素、服务组织的相关制度约束和服务岗位的职责要求等的影响，使人们依然会有努力做好每一件事情的愿望。

◎ 现代服务意识包括：先做好服务工作，解决他人的实际问题。规定、报酬和责任，应该放在服务之后来解决；为他人服务的目标是让他人满意，企业的最终追求是利润；信守服务承诺，用心服务并乐于为别人服务，给他们带来欢乐！

◎ 服务的黄金法则就是：想要别人怎样对待您，您就怎样去对待别人。

◎ 服务者永远要记住这句话："任何一份私下的努力，都会有双倍的回收，并在公众场合表现出来！"

◎ 种瓜得瓜，种豆得豆。我们在"播种"的同时，我们在服务的同时，也种下了自己的将来，也为将来服务。

◎ 完善而有效的社会教育体系训练出伟大的民族和优秀的企业员工。

第二章

要

一、服务要真诚

真诚就是真实诚恳，没有一点虚假。真诚是做人之本、是立业之道。假如生活是船，那么真诚就是船上的帆；假如生活是无垠的天空，那么真诚就是雨后的彩虹；假如把生活比作钟表，那么真诚就如钟表上不可缺少的时针，指引您生活的方向；假如生活是一台机器，真诚就是机器上的发动机，是您生活前进的动力。

真诚也有使一株枯草起死回生的作用，就像黑暗中有束阳光，生活中有个向导。无论在何时何地，我们都应该拥有真诚，用真诚的阳光支起一片丽日晴空。

当越来越多的高楼大厦、钢筋围墙将人们隔开后；当越来越多的名利占据了人们的整个身心后；当我们不断地发觉梦和现实不协调之后；当我们的心境再也不能清如往昔的时候，我们不得不感叹，这个世界越来越需要真诚。广场上林立的广告牌下依然进行着人们热衷的讨价还价，小贩们的吆喝声在竭力掩盖着部分假冒伪劣产品，读到的文章只不过是表皮的宣泄，而根本无内在的真诚，诸如此类现象更是激发我们渴望真诚、呼唤真诚。

我们每个人都同样呼唤真诚、向往真诚、崇拜真诚。摘掉虚伪的面具，换上真诚面孔即发现真诚就在身边，让我们携手去珍惜真诚，同时把真诚的阳光洒遍人间！

1. 真诚的第一原则：就是真诚地去关心别人！

不知您有没有想过，狗是唯一不用工作而能谋生的动物？母鸡得下蛋，牛得供应牛奶，但是，狗却什么也不用做，只是对主人表示亲爱。狗凭着天赋本能，能在两个月内，凭着对人表示关爱而赢得许多“朋友”；但人却很难在两年之内，因吸引别人的注意而交到朋友。很多人终其一生都不断在向别人搔首弄姿，企图引起别人的注意。这些都是枉费力气的举动。人们根本不会注意您，也不会注意我，他们注意的是自己。当您看团体照时最先注意的是哪一个人？当您看榜单时，第一个先找谁的名字？当然是自己。

如果我们只是想引起别人的注意，想给别人留下印象，我们就不可能交到许多真实、诚恳的朋友。一位真正的朋友，不是用这种方法结交来的。因此，我们要关心别人，让别人觉得自己是受重视的，才能让人对您感兴趣，若只是一味地在别人面前提到自己和自己感兴趣的事，即使是自己，也是不愿意多听的。

所以要真诚地去关心他人的感受、思考模式与在乎的事，让他觉得像大人物一样被重视、记得，“要让他人感到被重视”，这是一而再再而三提到的服务观念，唯有先让人感到被重视，才能慢慢将您自己的事分享于他人。

“要让他人感到被重视”，要求我们时时刻刻记住，我们的主角是他人，无论何时何地永远不要抢了他人的风采，“垫高他人，放低自己”是让他人感到被重视的最佳方法。

一般人是如何获得自信的？是通过比较。而每一个人都希望得到关注、得到认同、得到自信。

所有打高尔夫的人，在开杆的时候，都必须插下那个 Tee（打高尔夫球用的小支球托），才有办法把球打飞起来。这就是 Tee 的作用——把自己放低了（像没有价值），再把对方垫高了（对方显得高大而有价值），结果自己就成了对方离不开的、最有价值的“Tee”。

把别人垫高了，把自己放低，让别人有了“安全感”，让别人有了“快乐”，让别人有了“自信”，让别人有了“希望”，别人才会喜欢自己。所以真诚地关心他人，让他人的感受被关注，他人的需求被满足，让他人的成功很顺利。

2. 真诚的具体表现：时刻为客人的利益着想！

为客人的利益着想要求您在服务中尽力为客人省钱，为客人节省时间，为客人的生命、财产安全考虑。

为客人省钱而不是为我们省利益，这样才能够实现我们的长远利益。假如我是饭店服务员，客人已经住在饭店里，并支付了费用，但是，饭店最近的折扣计划客人并不知道，我是告诉客人或是假装不知呢？告诉客人，饭店会损失一点金钱，可不告诉，这样的秘密能够隐藏多久呢？客人如果有一天知道了这种情况，他就将被其他的饭店吸引走，饭店损失的将是长久的利益。再比如我是银行出纳员，发现客人急着走进银行是为了拿现金还信用卡的欠款，而我知道信用卡的欠款利率是 24%，于是便建议客人申请透支账户，因为这只有 16% 的利率，这样一来，客人节省了 8% 的支出，并且还为银行留住了客人。

为客人省时间，要求我们的服务流程科学而合理，服务产品的设计应该是方便客人而不是方便我们的员工，服务操作程序应该删除额外的不合理的步骤，服务效率以尽量减少客人的等待时间为佳。

提供亲切、快捷、可靠的服务是麦当劳的标志，每一位员工都以达到“百分之百顾客满意”为最基本的原则。

麦当劳要求每一位员工的表现都必须体现麦当劳的服务水平，为顾客提供无微不至的服务，并且所提供的服务都必须符合规定的服务规范。

六个步骤的标准服务流程：

在世界上所有麦当劳餐厅里，服务员永远对顾客重复着同一句话：“欢迎光临！”

在每个柜台前，服务员也在永远对顾客重复着同一句话：“欢迎光临，请到这个窗口来！”

为了让顾客在所有的麦当劳餐厅都能享受到相同的服

务，麦当劳规定了服务的标准：通过规范的手段，利用统一说辞，对行为举止，或对待顾客的正确方法进行规范，甚至对员工施以影响深刻的心情训练等方法，达到服务工作标准化的目标。

当顾客一走进麦当劳餐厅，即有服务员为他们开门，并满脸微笑地讲道："欢迎光临。"

顾客刚走近柜台，又有服务员主动地讲道："欢迎光临，请到这个窗口来点餐。""请问您要点些什么？"

顾客点完后，配膳员准确地装入盘中，送到顾客手中，满脸堆笑地问道："先生，这样可以了吗？"

得到顾客满意的回答之后，服务员在收银机上报出价格，并收取顾客的交款。

当顾客用完膳，服务员目送顾客离店，微笑着说："谢谢光临，欢迎下次再来。"

为客人的生命、财产、安全考虑。曾经在网上看到这样一个帖子："那天我和几个朋友讨论一个问题，如果在带团的途中遇到了劫匪，而导游身上有几万块的团款，这时导游应该怎么办？保护客人？（按照书上说的应该这样的）还是保证自己的安全以及团款？但最后没有一个答案。"这样的帖子让我心里沉甸甸的，"没了人还要钱干什么？"客人的生命在服务者的心目中就真的没有价值和地位吗？为客人的生命、财产、安全考虑是真诚服务的基础和前提，也是您企业和您个人发展的基础。

真诚地对待您的客人，客人会回报您真诚的谢意。

案例

物业管理人员入室引起的误会……

某日清晨，某大厦新来的保洁员阿霞在18楼的公共通道拖地时，发现1805号业主家的客厅亮着灯，但大门内侧的防火门开着，外面的“通透式”防盗门也虚掩着，她便上前按业主家的门铃，但是按了好几次，室内也没有反应，阿霞便怀着好心的心理，侧身进入室内，到客厅、阳台、厨房等一一查看有没有人。正在这时，业主张先生从电梯出来径直走回家（他原来“早锻炼”去了，因粗心而忘了关好家门）。一见大门未关，张先生先是吃了一惊，进到家中，又看见一陌生女子在自己家里，更是又急又气，大声质问阿霞是干什么的，不由分说要把她送到派出所。

思考

（1）阿霞错在哪里？

（2）如果碰到以上业主和家人都不在家而门又开着的情况，应该怎样处理？

（3）您认为该如何向张先生说明和解释？怎样才能平息事态？

3. 真诚的对立面是：对客人的欺骗！

任何一次对客人的小小欺骗都会伤害您及公司形象，也就是对您以及公司的欺骗。最近几年，各大商场的促销风起云涌，你方唱罢我登场，今天你零点利，明天我大甩卖，后天它买一赠三等等。这些促销有多少水分，又有多少是真真切切为客人的利益考虑，只有商家与客人您知我知。看看他们吆喝的成果，我不知道他们的销售额真正增长了多少，我只是看不到商场里拥挤的热潮，大多数消费者似乎很难领情，也许一次一次的欺骗已经让热情耗尽。

> 我曾经到一家小有名气的商场，因为当时该商场正在进行“买100返200券”的活动，我也正需要购买一件睡衣，于是就想趁有活动而得一点实惠。可是，当我站在该商场的内衣品牌前时，我整个人都傻了，脑袋也不够用了，怎么回事，两天前才200多元一件的睡衣像被魔术师点法一样，价格签上明明白白地标着600多元。短暂的空白后，我终于明白我及其他的消费者被我曾经热爱的商场“涮”了。从那以后，我再也没有跨进该商场一步，我相信，所有明白过来的客人，绝大多数都做出了与我一样的决定。您玩我，我不与您玩了，谁怕谁？谁养谁呀？

对客人的欺骗也许可获得“短期利益”，但绝无“长远发展”，无异于“搬起石头砸自己的脚”。

所以，请不要欺骗您的客人，那是在自欺欺人，千万不要再干那种“搬起石头砸自己脚”的蠢事了，这种“损人不利己”的事，傻瓜都知道不能干，何况您这样的聪明人呢。

案例

变味的“促销”

2009 年 6 月的某一天，我与同事来到学校附近的一家商场，想为我们共同的朋友购买一份见面礼物。来到某首饰品牌前，诱人的促销吸引了我们：为感恩消费者，部分商品举行特卖。我们很快看上了一条诱人的手链，想象出朋友美丽的玉腕配上它的效果，我们会心地笑了。

当掏钱购买的那一刻，服务人员给我们的解释与我们刚开始浏览时给我们的说法发生了很大的变化，两种不同的解释预示着我们将额外花费部分钱款才能够拥有心仪的手链。

商家给我们的解释是：第一个员工对促销政策的理解产生了错误。是有意为之或是无意之过?

思考

本案例违背了服务中的什么原则？如果长期以这样的方式对待客人将产生什么样的后果?

二、服务要感恩

感恩就是对别人所给的帮助表示感激。因为活着，所以我们应该感恩，如果没有感恩，活着等于死去。要在感恩中活着，感恩于赋予我们生命的父母，感恩于给我们知识的老师，感恩于提供实现自我价值的企业，感恩于帮助、关心和爱护我们的那些人，感恩于我们的祖国，感恩于大自然……感恩地活着，您才会发觉世界是如此美好。

“谁言寸草心，报得三春晖”“谁知盘中餐，粒粒皆辛苦”，我们小时候背诵的诗句，讲的就是要感恩。滴水之恩，涌泉相报；衔环结草，以报恩德，中国绵延多少年的古老成语，告诉我们的也是要感恩。

有这样一个故事：

一次，美国前总统罗斯福家失盗，被偷去了许多东西，一位朋友闻讯后，忙写信安慰他，劝他不必太在意。罗斯福给朋友写了一封回信：

“亲爱的朋友，谢谢您来信安慰我，我现在很平安。感谢上帝：因为第一，贼偷去的是我的东西，而没有伤害我的生命；第二，贼只偷去我部分东西，而不是全部；第三，最值得庆幸的是，做贼的是他，而不是我。”

对任何一个人来说，失盗绝对是不幸的事，而罗斯福却找出了感恩的三条理由。

1. 感恩是快乐之源

很早的时候听过一句话：“一个人要学会感恩，才能真正快乐。”有些人把太多事情视为理所当然，因此心中毫无感恩之念。既然是当然的，何必感恩。一切都是如此，他们应该有权利得到的。其实正是因为有这样的心态，这些人才会过得一点也不快乐。

美国曾经有这样一则传说。一个村庄里，一家人围坐在餐桌前吃饭，母亲端上来的却是一盆稻草。全家都很奇怪，不知道这究竟是怎么回事，母亲说：“我给你们做了一辈子的饭，你们从来没有说过一句感谢的话，称赞一下饭菜好吃，这和吃稻草有什么区别！”连世上最不求回报的母亲都渴望听到哪怕一点感谢的回应，那么我们对待别人给予的帮助和恩情，就更需要把感恩的话说出来，把感恩的心表达出来。

有些人说：“我讨厌我的生活，我讨厌我生活中的一切，我必须做一点改变。”这些人必须改变的是他们不知感恩的态度。如果我们不懂得享受我们已有的，那么，我们很难获得更多，即使我们得到我们想要的，我们到时也不会享受到真正的乐趣。

在现实生活中，我们常自认为怎么样才是最好的，但往往会事与愿违，使我们不能平静。我们必须相信：目前我们所拥有的，不论顺境、逆境，都是我们生命过程中必然的过程。若能如此，我们就能在顺境中感恩，在逆境中依旧心存喜乐。

感恩是一种处世哲学，是生活中的大智慧。人生在世，不可能一帆风顺，种种失败、无奈都需要我们勇敢地面对、豁达地处理。这时，是一味地埋怨生活，从此变得消沉、萎靡不振？还是对生活满怀感恩，跌倒了再爬起来？英国作家萨克雷说：“生活就是一面镜子，您笑，它也笑；您哭，它也哭。”感恩不纯粹是一种心理安慰，也不是对现实的逃避，更不是阿Q的精神胜利法。感恩，是一种歌唱生活的方式，它来自对生活的爱与希望。

在水中放进一块小小的明矾，就能沉淀渣滓；如果在我们的心中培植一种感恩的思想，则可以沉淀许多的浮躁、不安，消融许多的不满与不幸。只有心怀感恩，我们才会生活得更加美好。

2. 感恩是成功之道

成功学家安东尼指出：成功的第一步就是要先存有一颗感激之心。时时对自己的现状心存感激，同时也要对别人为您所做的一切怀有敬意和感激之情。如果您接受了别人的恩惠，不管是礼物、忠告或帮忙，而您也够聪明的话，就应该抽出时间，向对方表达谢意。

"领袖的责任之一便是谢谢。"那些当选的领导人，总是要拿出一些时间去答谢曾经支持和帮助过他们的人和组织的，若非如此，他便不可能继续得到更多的支持。过河拆桥的人是走不远的。

一家日资公司的公关部招聘一位职员，许多人参加了竞争。公司的面试和笔试十分烦琐，一轮一轮淘汰下来，最后只剩下5个人。

5个人个个都优秀，都有较好的外表条件和学识，都毕业于名牌大学。

公司通知5个人，聘用谁得由日方经理层会议讨论后才能决定。于是5个人安心回家，等待公司最后的决定。

几天后，其中一位的电子邮箱里收到一封信，信是公司人事部发来的，内容是："经过公司研究决定，您落聘了，但是我们欣赏您学识、气质，因为名额所限，实是割爱之举。公司今后若有招聘名额，必会优先通知您。您所提交的材料经过电脑存档后，不日将返还于您。另外，为感谢您对本公司的信任，还随信寄去本公司产品的优惠券一份，祝您开心！”她在收到电子邮件的那一刻，知道自己落聘了，十分伤心。但又为外资公司的诚意所感动。两天后，她收到了寄给她的材料和优惠券，另加一个电子邮件中没有提及的带有公司标志的小礼品。

她十分感动，顺手花了3分钟时间用电子邮件给那家公司发了一封简短的感谢信。

但两个星期后，她收到那家日资公司的电话，说经过日方经理层会议讨论，她已被正式录用为该公司职员。

后来，她才明白，这是公司的最后一道考题。公司给其他4个人也发了同样的电子邮件，也送了优惠券和小礼品。但是回信感谢的只有她一个。她能胜出，只不过是多花了3分钟时间去感谢。

懂得感恩的人，往往是有谦虚之德的人，是有敬畏之心的人。对待比自己弱小的人，知道要躬身弯腰，便是属于前者；感受上苍，懂得要抬头仰视，便是属于后者。

您怎样对待别人，别人就会怎样对待您。

一个过路人到加油站问路，并打探前边镇子的人对待别人如何。加油站职工反问他从前住的镇子的人怎么样，过路人回答“糟透了”。职员于是说：“我们这个镇子的人也一样。”随后，第二个人驾车来到这里，并问相同的问

> 题，当驾车人回答说他原来镇上人很友好时，职员说："您会发现我们这个镇上的人完全一样。"第一个过路人忘记了沿途人的所有的好，记下的却是别人偶尔的失误，而第二个驾车人是一个感恩的人，他记住了沿途的美好，下一个镇子的人必回报他美好。

人是三分理智、七分感情的动物。"给予就会被给予，剥夺就会被剥夺。信任就会被信任，怀疑就会被怀疑。爱就会被爱，恨就会被恨。感恩就会被感恩"。

行为孕育行为。您对我友善，我对您也友善；如果您不友好，我也不可能友好地对待您——这就是心理学的互惠关系定律。

3. 用感恩的心态为客人服务

"不管您是一名修理助理，或是一名发放工资的职员，或者是一个会计，我们能有这份工作，那是因为客人愿意为我们付费，这就是我们的'秘密'。"新航前总裁 Joseph Pillay 在创业伊始就不停地以此告诫员工。事实上，正是持之以恒地心怀感恩，尽可能为客人提供优质服务，新航才有了今天的成就。所以，感恩的第一点就是感谢客人，客人是我们的衣食父母，没有客人的厚爱，我们将难以生存。在感谢客人的同时，我们还要感谢生活，有能力为他人服务是我们生命中最幸运的事。"当我们有能力给予时要给予，生活才没有遗憾。""把每一个客人都当作您服务的最后一个对象，因为这一天肯定会到来。”最后，让我们一起来感谢，感谢所有养育过、关心过、帮助过、培养过我们的人们，因为他们让我们成为优异的服务者。

许多人一想到日本企业的员工，马上就会想到挥汗如雨的工作狂形象。他们为什么会是工作狂？知道的人并不多。我们企业的管理者们现在常挂嘴边的“企业文化”发源于哪里？知道的人也不多。尽管美国高速公路的发达发明了企业文化，尽管企业文化中的视觉文化和行为文化被西方管理深入透彻地应用在企业管理里。但是，日本企业对企业文化的贡献功不可没，日本企业在企业行为文化和视觉文化的基础上，丰富了最重要的理念文化，精神的作用在文化中的体现不仅仅是完善了企业文化体系，更是深化了企业文化的内核，是支持企业文化的根。日本企业的理念文化又与日本的传统文化紧密相连，感恩文化在日本企业文化中最直接和现实的体现是员工对企业的忠诚。感恩思想深入日本员工的骨髓，其具体表现就是玩命地工作，以工作报恩，报老板知遇之恩，报企业培训之恩，报客人“养育”之恩。

4. 感恩的基本前提就是“不计得失”

人在生活中总是有得有失的，而懂得感恩的人之所以快乐，并不是他们总是利大于弊或者得多于失，而是因为他们根本不去算计自己失去的部分，而永远对自己得到的心怀感激。如果我们用感恩的心态为客人服务，我们还会计较细微的得失吗？还会在意付出的多少吗？那么还有什么样的困难不能够克服呢？

一直以来，我在工作中总是秉承“尽心、尽力、尽责、不争”的八字工作理念，这样“不计得失”的付出让我有了今天的小成就和小名气。“不计得失”地付出，“工作狂”地投入，既是感恩的表现，更是忠诚的体现。

表达所有的感恩的最好方式是——努力地为客人提供最满意的服务。

小结

◎ 真诚的第一原则：就是真诚地去关心别人！要真诚地去关心他人的感受、思考模式与在乎的事，让他觉得像大人物一样被重视、记得，“要让他人感到被重视”，这是一而再再而三提到的服务观念。

◎ 真诚的具体表现：时刻为客人的利益着想！为客人的利益着想要求您在服务中尽力为客人省钱，为客人节省时间。

◎ 真诚的对立面是：对客人的欺骗！任何一次对客人的小小欺骗都会伤害您及公司形象，也就是对您以及公司的欺骗。

◎ 一个人要学会感恩，才能真正快乐！

◎ 成功学家安东尼指出：成功的第一步就是要先存有一颗感激之心。时时对自己的现状心存感激，同时也要对别人为您所做的一切怀有敬意和感激之情。

◎ “给予就会被给予，剥夺就会被剥夺。信任就会被信任，怀疑就会被怀疑。爱就会被爱，恨就会被恨。感恩就会被感恩”——这就是心理学的互惠关系定律。

◎ 感恩的基本前提就是“不计得失”。

◎ 表达所有感恩的最好方式是——努力地为客人提供最满意的服务。

第三章

美

美：美丽、好看（跟“丑”相对）；使美丽；令人满意的、好；美好的事物；得意。

一、语言美

何谓语言美，鲁迅先生曾对语言美有过很简洁的归纳："语言有三美，意美在感心，音美在感观，形美在感目。"高尔基也说过："作为一种感人的力量，语言的真正美，产生于言辞的准确、明晰和动听。"

语言美是心灵美在言语上的表现，也是心灵美的直接体现。不同时代、民族的人和具有不同文化素养、思想情感、道德品质、语言表现力的个体，其语言美有不同的表现形态。语言美是交际的必要手段，直接影响语言交际的效率和人际关系的协调。达到语言美需加强语言修养，提高思想文化素质与心灵美的培养。

语言美是一种语言艺术。包括人物语言和叙述、描写、议论语言的准确、鲜明、生动、形象化、个性化并创造美的意境，是构成语言艺术表现力、感染力、艺术性和形成创作个性、艺术风格的重要因素。

俗话说“良言一句三冬暖”，“恶语一言六月寒”。一句善良的语言，可以解除诸多的紧张关系；一句“尖酸刻薄”的言辞，听之不寒而栗，足以让人心似寒冰。

服务行业需要营造一个和谐的服务环境和良好的社会环境，所以服务者的语言美可以温暖人心。

1. 礼貌用语多多益善

（1）“请”字开路

不论在欧美国家，还是在我们中国，日常生活中“请”字不绝于耳。当一个人需要别人帮忙时，总是“请”字开路。当要从人群中穿过时，要说“请让开一下”；当坐汽车嫌空气闷热时，要说“请把窗户开一下”；当乘车要在中途下时，要说“请停一下车”；当上下火车时，乘务员要对乘客说：“请出示您的车票。”在机场，海关人员要对客人说：“请出示您的护照。”在饭店，客人要对服务员说：“请您给我一杯咖啡”或“请您给我来一份牛肉面”；服务员要对客人说：“请稍等”“请买单”。在旅店，客人对服务员说：“请给我一个单人间”；招待员会对客人说：“请办理住店手续。”在商店，客人会对营业员说：“请给我一盒万宝路香烟”“请递给我那双蓝色的运动鞋”；营业员会对客人说：“请走好，欢迎再次光临。”即使在家里，美国人也十分客气，丈夫无论做什么，都得先对妻子说：“请允许我这样做。”而妻子总是很认真地回答：“请您自便。”在中国家庭里，也常常可以听到“请给我倒杯茶”“请把工具递给我好吗”。总之，不管何时何地，也不管何人何事，只要您需要别人帮忙时，就必须先说“请”。

“请”是一种礼貌，更是一种姿态。当一个人对另一个人说“请”时，这个人已经将“尊贵”和“显赫”给了另一个人，将谦恭的姿态表现了出来，被“请”的人将非常乐意为“请”字后面的行为努力，因为他体会到了“尊重”和“恭维”。所以，从事服务的您，请多用“请”这个美好的词语来表达您对对方行为的希望和要求，您的所有愿望将可以如愿以偿。

（2）“谢谢”压阵

“谢谢”别人的好意帮助是文明的标志、社会的规范，更是感恩的一种具体表现。能够说好“谢谢”的人是一个有教养、有风度的人。有一则笑话讲了这样一个故事：

> 7岁的小彬手里拿着一支雪糕兴冲冲地跑来，对爸爸说：“小张叔叔给我买的。”
>
> 爸爸说：“你说了谢谢吗？”
>
> 小彬说：“没有呀。”
>
> 爸爸说：“真没有礼貌，快去！对小张叔叔说声谢谢。”
>
> 过了不久，小彬回来了。
>
> “谢了，但已经没有用了。”小彬回答说。
>
> “为什么？”

“小张叔叔说不用谢。”

在人际交往中，在对客服务中，有许多人在不同程度上就是这个小彬。他们在这方面主要有两个缺憾：

一是认为没必要说“谢谢”；

二是确实不会说“谢谢”。

这两种情况，前者是观念认识上的问题，后者是技术能力上的问题，但都会对服务造成不良的后果，必须予以改变。

“谢谢”就是在对方为自己做出一些善意言行以后，自己的言辞上所做的一种情感回报。“谢谢”有下列几种功能：一是表达自我情感。人们在接受别人的善意言行后，都会产生一种感激之情，情动于衷，发乎言辞。二是强化对方的好感。人际关系学认为：人际交往是一个互动的过程，一方的善意行为必然引起另一方的酬谢，而这种酬谢又将进一步使对方产生好感，并发出新的善意行为。三是调节双方距离。

服务人员在说“谢谢”时要注意以下问题：说“谢谢”的最大要领是要情动于衷，言为心声。所以，应该在语言行为的表现上下功夫，做到声情并茂、表情恰当。切忌夸张、生硬。

（3）“对不起”不离口

许多从事服务的人，在对客人说“对不起”的时候心存顾虑，怕一声“对不起”为自己招来不必要的麻烦。“对不起”不是责任的划分，只是服务人员对客人歉意的表达。事实上，您的麻烦往往是从您不说“对不起”而让客人愤怒后产生的。“对不起”不仅仅是一句客套，更是“客人总是对的”服务理念的体现。及时、到位的一声“对不起”，可以浇灭客人因不满意服务而生起的火焰，能够化干戈为玉帛，调节人际关系。

有这样一家公司，人际关系很复杂，谁也不服谁，谁也不容谁，互相仇视，上班像是去报仇，很不开心。不久，换了一个经理，姓王。王经理到任后，就把大家召集起来，他笑容可掬地说：“对不起，我年纪比你们大。所以先当经理了。”如此开场白，逗得大伙哈哈大笑，之后是雷鸣般的掌声，他虽不像一个经理，但大家喜欢。

王经理说，我们往往为了保护自己而推卸责任或与人争吵，殊不知认错未必是认输，即使认错就是认输，一个人哪能一生永远赢？一个人敢认错、敢认输，这不但不丢人，反而能够赢得他人的谅解和尊重，说声“对不起”，不但能表现个人的修养，还可以反省自己，激励向上，化干戈为玉帛。

王经理的一番话，让全场人鸦雀无声。大家曾经的傲慢、无礼、自私与偏见，往往都是冲突的导火线。我们都曾诅咒恶劣的工作环境，可唯独忘了检讨一下：自己是否也是这个恶劣环境的始作俑者……

这个故事具有一定的启发意义，但是，它却给我们提出一个必须回答的问题：为什么说一声“对不起”，就往往能够化解矛盾？

抽象地说，谁都承认：人非圣贤，孰能无过。但在具体的矛盾冲突中，很多人都以为自己绝对正确，问题都出在别人身上。一般说来，发生矛盾冲突，双方都有一定的责任，只不过责任的大小不同而已，如果双方都不认错，人际关系只会越来越紧张。相反，如果有一方主动承认自己有错，主动说一声“对不起”，矛盾也就比较容易解决了。在一个“对不起”非常稀缺的社会环境中，如果客人能突然听到一声“对不起”，内心感受会如一股暖流通过！

在日本，“对不起”几乎成为了日本人的口头禅。

有一个中国人到日本的商店买衣服。试了一件上衣后觉得不合适，脱下来，交给售货员就走了。马上要到学校时，忽然发觉自己的背包不见了，而他所有的证件都在那个背包里。吓出一身冷汗的他赶紧回到该商店。导购小姐看到他回来，忙迎过来问：“您是不是找一个背包？”后来，他来到商店办公室向一名工作人员说明了来意，工作人员将背包递还给他时，还一个劲儿地给他鞠躬：“实在对不起，耽误您的时间！”

还有一次，他在日本骑自行车撞上了一个日本老太太，结果，老太太倒在了地上，他心想，这回完了，非被人家赖上不可。没想到，老太太麻利地爬起来，连连给他鞠躬："对不起，我耽误您行路了。"

另外一次也是骑自行车，在拐弯的时候，撞到了一辆直行的面包车上，把人家的车门给撞了一个大坑。司机下来，没有看自己的车，而是先奔过来问他："您没有事吧？"他说没事，司机才回去检查自己的车门。然后给他鞠躬说："对不起，如果您觉得有什么不适，请按我的联系方式找我。"这把他搞糊涂了，到底应该谁给谁道歉啊？

可见，日本人是多么爱说"对不起"。其实，"对不起"就是站在对方的角度去想问题。它会使很多复杂的问题一下子变得简单和温暖。所以，从事服务的您一定要会说并主动说"对不起"，它可以为您排除许多的服务障碍。

我们提倡"对不起"不离口。无论何时何地何事打扰别人，都必须说声"对不起"。当一个人要经过别人的面前时，要说"对不起"。在公共汽车上，不小心踩了别人的脚，要说"对不起"。在离开宴会时要说"对不起"。在公共场合，无意之中打了个饱嗝要说"对不起"。无意之中打了个喷嚏要说"对不起"。无意之中打了个哈欠要说"对不起"。在中途离开会议时要说"对不起"。约会时迟到了要说"对不起"。上课时晚了几分钟要说"对不起"。在美国，甚至常常有这样的情形，即两人迎面而过，其实相距甚远，根本不会碰撞，但必有一方会说"对不起"，而另一方连忙说"抱歉"，然后彼此道声"多谢"，各行其路。这种情形对美国人而言如家常便饭，早已习惯。简言之，当一方说“对不起”时，另一方也应用“对不起”“没关系”“抱歉”之类的礼貌用语来应答，以示相互尊重、相互谅解。

在一段时间内将说“请”“谢谢”和“对不起”作为企业的一项培训活动来进行，使“请”“谢谢”和敢于说“对不起”成为员工的习惯。心理学的研究表明：一个人要改变一个最简单的习惯动作，至少要重复 21 次；如果要改变一个长期养成的习惯动作（如改用左手写字）则要经过半年的时间，才能得心应手。

2. 亲切的问候常挂嘴边

语言是人类特有的用来表情达意、进行交际、达到相互了解的工具。而我们的服务语言是指在接待客人过程中，服务员用来同客人沟通、交际，以达到为客人服务目的的语言。要为客人服务，就必须用语言来同客人沟通、交际，语言在服务之中乃首当其冲。客人一到，就需要我们用“您好”“下午好”“欢迎”等迎宾用语向客人表示欢迎。如果此时我们对客人的到来视而不见、不理不睬，又谈得上什么服务质量呢？

激情的“早上好”

匆匆地洗漱后，整理好仪表，踏着晨风的节拍，与空气一起跳舞，心情像朝阳般愈发激动，如瞬间喷薄而出的烟花，斑斓得如此

热烈。站得如雕塑般，精神昂扬，认真地向每一个迎面走来的人问候。声音高昂而有力，笑容如此饱满，严格地按照45度鞠躬，即使四周没人，站姿也一点不敢松懈。每当发出一声问候时，都会收到珍贵的回语："早上好！"声音如此亲切，整个人像被笼罩在花海中似的，如此满足。

低沉的"中午好"

阳光似乎也疲倦了，树叶蜷缩成一团，在阵阵微风中无力地摇摆，我的心情也低沉了很多，站在教学楼门口，来来去去的人并不多，我只是无力地说着"中午好"，站得也像萎靡不振的懒猫，眼皮涩得如没有熟透的柿子，眯成了一条缝。"中午好，辛苦了！"一个陌生的声音传入耳中，如瞬间触电般抖动了一下，眼睛的瞳孔被扩大到几十倍，本来无聊的景物蓦地在我眼中复活了似的，这个声音像一阵凉风，将一个昏昏欲睡的人的疲倦吹得烟消云散。定睛一看，原来是初一的小弟弟，他做了个鬼脸就跑开了。一声回问让我变得精力充沛，兴致渐高。

甜蜜的"晚上好"

暮色被黑夜严严地覆盖着，没有一点点缀的夜幕显得几分严肃。紧张地度过了三节晚自习，所有的精力被抽光了。可是，那个岗位还在等着我。看着手臂上的袖章，我知道我的血液中流淌着执着，袖章上似乎镌刻着责任。我用温和的声音向每一个人问好，没有早晨的激昂，没有中午的萎靡，每一声都是如此甜蜜，如此不厌其烦，似乎向每个人祝福着晚上做个美梦。用一个好心情对待别人，别人也会用好心情对待你，他们微笑着，点头示好，几个熟人都亲切地问候“辛苦了”，一切都像蘸着蜂蜜。

值勤已经结束，那些微笑与问候静静地沉淀在脑海里，最后在取下袖章的那一刻酝酿成记忆的醇香……

亲切的问候，温馨的回应，这就是问候的魅力和价值。每一个服务者都把亲切的问候挂在嘴边，人世间将是多么温馨和甜蜜。

3. 用客人熟悉的语言与之交流

我们在服务的过程中经常遇到语言的适度和有效的问题。有人话太少，显得对客人冷漠不热情；如言语过多，客人也嫌啰唆。有人用了很标准的服务用语，可客人不明白；而用非规范用语，客人又感觉服务不到位。应该怎样来使用语言，才能让我们的服务用语“到堂”？“到堂”乃重庆地方俚语。有及时、赶超、适度、不错位等诸多含义。我曾多次在讲课中谈到，“到堂”的服务用语其实非常简单，就是用客人熟悉的语言与之交流，而不是您的专业语言或您认为很标准的语言。通俗地说，要针对不同的服务对象，使用服务对象能够接受的、最有沟通效果的语言交流方式。

人是有差异的，每一个人的血型或生长背景的差异，决定了他们的需求差异和性格差异，不同的需求差异和性格差异需要不同的语言沟通行为去满足。通常，我们将大千世界的人按照一定的规律做一个大致的分类，目的是希望能够根据不同类别的人进行不同的沟通，让我们的沟通更加有效。在这里，我们用人的感情表现形式和决策的果决性两个指标来对人进行分类，按照这两个指标，可以将人大致分为支配型人、分析型人、和蔼型人和表现型人四种风格，见图1。

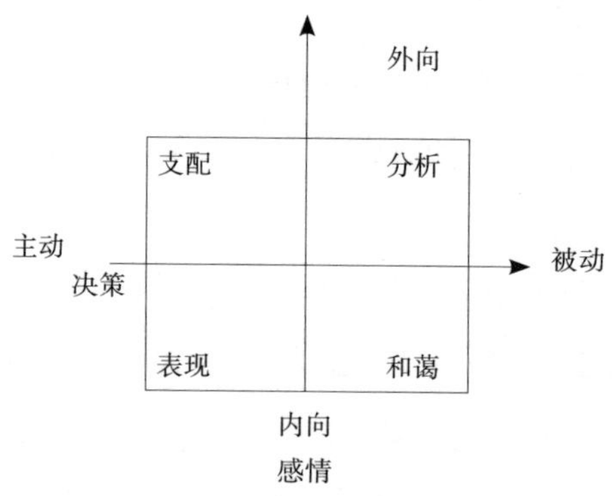

图1　人的不同风格

（1）支配型人

有强烈的支配欲望，把别人支配得团团转是他们的乐趣所在。这种人喜欢主动与人沟通，有权威感，在外特别好面子。与这样的人沟通时尽量不要挑战他的权威性，尽力维护他的权威和面子，避免他的狂怒。通常上司、“大”男人或女强人都有这样的表现。因此，沟通的语言上要尽量体现对他们的尊重、崇拜和仰慕，同时要尽量表现出对他们的服从。

（2）分析型人

生活严谨、一丝不苟，有时候常让人感觉枯燥和令人窒息。注重细节、遵守时间、原则性强、灵活性较差。与这样的人沟通时不要表现过多的热情，否则会给他们轻浮、不踏实可靠的印象；还要准确守时，这是他们衡量人是否诚信的关键；语言表达上尽可能用比较准确的数字，少用模糊性用语。在这类人中，技术人员和科技工作者占的比例较大。

（3）和蔼型人

和蔼可亲就是讲的他们。这类人特别注重个人形象，微笑、得体的装束和善于倾听是他们招人喜爱的原因。他们很在意外界的评价，经常以外部环境的好恶和要求来制定自己的人生规划，所以他们的快乐和幸福很多时候不太真实，过得很累是这类人的通病。与他们沟通时，肯定性的赞美和欣赏的语言是最好的沟通润滑剂，但一定要避免用“还行、可以”等不确定的赞赏字眼。

（4）表现型人

表现欲非常强的人，就是利用一切机会表现自己（不管自己有没有这方面的才能和本事），不怕出丑是他们的优点，更是缺点。说话不着边际，海阔天空，喜欢当主角。与这样的人沟通的最好方法就是给他（她）表现的机会，我们在语言上要尽量避免对他所言进行否定性的评价，通过语言给足对方面子是沟通的技巧。

与不同风格的人沟通的最好语言方法就是：相似性原理和同理心。相似性原理和同理心的关键是我们的语言与对方语言相似，我们要充分表达出对他们的理解，要让对方明白，我们与他相似、我们与他有同样心情和想法，或者至少我们了解他的心情和想法。

曾几何时，在祖国的大江南北，刮起了一股又一股的服务语言学习高潮。20 世纪 90 年代左右，由于广东沿海的经济发展，粤语成为了服务的学习用语，许多年轻人以能够用一口流利的粤语与人交流而自豪。近几年，普通话的推广使我们服务行业的整体服务质量有了很大的提高。可是，这种“一窝蜂”的现象也让我们的服务业蒙受了较大的损失，服务行业花了大量精力和金钱推广的普通话，我们的许多客人很难领情。因为某些以当地人为主或根本就只有当地人消费的企业，当地人听着普通话还没有自己的语言亲切和满意，而且，当您用普通话与他对话的时候，他如果用当地话是否显得“牛头不对马嘴”；如果用普通话，客人有强人所难的苦衷，本来应该是愉快的消费过程，却让客人觉得比打仗还累，想一想，客人是您，您会怎样？您会一次一次地去受语言的折磨？还是选择您能轻松与他交流和对话的服务企业和产品？选择无障碍的交流和沟通的服务环境，答案显而易见。所以，我一贯主张，我们的最佳和最美的服务语言应该是客人最熟悉和最亲切的语言！标准语言可以提升服务质量，但不能同步提升客人满意。服务业与其他行业的很大区别就是，它是最不可以用标准的东西来要求所有的服务，因为客人是千差万别的。

> 在沙迦做蔬菜生意的Ravindran是18岁时来到阿联酋的。现在，30年过去了，他已经成为沙迦水果和蔬菜市场店主社团不可或缺的成员。他如此受欢迎的其中一个原因就是他掌握了多门语言。他非常自信，因为他掌握了11门语言，其中包括僧伽罗语、中文和菲律宾语等。他说："我会说所有在阿联酋会被用到的语言。一天，我的朋友面对一名中国客人时遇到了些麻烦，因为这名中国人不懂英语。我走上前去把他买的所有蔬菜放进一个大盒子里，然后再把每种蔬菜拿出来，用手指告诉他每种蔬菜花多少钱。当交易完成后，这名客人很高兴很满意地离开了。这是我第一次与中国客人打交道。打那以后，我又学会了很多中文词汇，这对我很有帮助。"

用客人最熟悉的语言与之交流，需要我们熟悉多门语言及语言背后的各地方俚语、方言，这样才能够灵活自如地与不同国家、不同地区的客人进行交流。用质朴、明快、简洁、正确、客人最熟悉的语言来为客人服务是服务语言美的基本要求。

4. 赞美之词不绝于口

欣赏客人、赞美客人会让客人获得极大的快乐！我国古代有一则寓言：

有一个门生出京去做地方官，先到他的老师——一个大官那里去告别。这个大官对门生说："出外做官，很不容易。千万要谨慎小心！"门生回答："请老师放心，门生已经预备了高帽子100顶，每人各送一顶，管叫地方上人人高兴！"老师发怒道："我们都是正人君子，怎么可以这样呢？"门生装着无可奈何的样子说："天下不喜欢戴高帽子的实在太少了，像老师您那样的能有几个呢？"老师听了很高兴，点点头说："你讲的也有道理！"这门生出来对朋友说："我的100顶帽子，现在只剩下99顶了。"

还有一个故事是这样说的：

有一个富翁特别喜欢吃烤鸭，于是用重金聘请了一位烤鸭大厨师，每天专门为他烤一只鸭。大厨师名副其实，每天烤出的鸭皮脆肉松、香喷可口。但富翁为人刻薄，即使天天吃到美味的烤鸭，也从不肯说一句赞美的话。终于有一段时间，厨师烤出来的鸭都只有一条腿，富翁觉得奇怪，但碍于身份不好过问。一星期后，情况还是这样，富翁实在忍不下去，他问厨师烤的鸭子为什么只有一条腿？另外一条腿上哪儿去了？厨师回答道："哎呀！您不知道？

这些鸭子都只有一条腿，不信我带您去看看！”

富翁当然不相信厨师说的是真的，便随着厨师到后院去看。这时，因天气太炎热，鸭子们都缩着一条腿站在树下休息。厨师说：“您看，鸭子都只有一条腿呀！”富翁仍不信，当即拍了几下手掌，掌声惊动了鸭群，它们伸出另一条腿纷纷逃离开了。富翁说：“你看，鸭子不是都有两条腿吗？”厨师回答说：“是的！如果您提前鼓掌的话，那鸭子老早就是两条腿了。”

欣赏客人、赞美客人会让客人获得极大的快乐。人人都渴望掌声与赞美，哪怕只有一句简单的赞语，都会给人带来无比的温馨和振奋。赞美是符合人性的法则，适当得体的赞美，会使人感到开心、快乐，被赞美的人会给您意想不到的回报。一有机会就赞美您的客人，永远不要嫌多。

我们在赞美服务对象的时候，要注意以下两点原则：

（1）适可而止

赞美对方应把握好分寸，否则，会使赞美本身贬值，对方会觉得赞美没有任何实际的意义。适可而止的赞美能够让服务对象感受到我们的服务真心，从而加强赞美的作用。赞美与吹捧是有区别的，真正的赞美是建立在实事求是基础上的。而吹捧则是无中生有或夸大其词地对他人进行恭维和奉承，目的是为了讨好他人。因此，我们一定要恰如其分地赞美他人。

（2）因人而异

对赞美的渴望程度是因人而异的，对赞美内容的要求更是因人而异。面对一位真正美丽的姑娘，才能夸她“漂亮”；面对相貌平平的姑娘，应该称道她“气质好”才得体；而“很有教养”这一类赞语，则只能用来对长相实在无可称道的人。要善于发现对方的优点进行赞美，而不能不看对象，胡乱赞美一通。只有因人而异的赞美，才能取得更好的效果。

当然，相同的群体对赞美有一些共同的需求，下面列出一部分最受人欢迎的赞美项目，供服务工作中参考把握（见表 1）。

表 1　最受人欢迎的赞美项目

	年轻人	男人	女人
1	性格	努力过程	外型
2	能力	工作成果	能力
3	努力	实力	先生、小孩
4	仪容	社会地位	品位
5	判断力	事业	保养
6	工作	气度	事业成就
7	诚意	家庭	感觉
8	两性朋友	信用	智能

真诚的赞美需要一定的技巧。卡内基讲过这样一个故事：

有一次，我到邮局去寄一封挂号信，人很多，我排着队。我发现那位管挂号的职员对自己的工作已经很不耐烦，在烦躁地称信件、卖邮票、找零钱、写发票。我想：可能是他今天碰到了什么不愉快的事情，也许是年复一年地干着单调重复的工作，早就烦了。因此，我对自己说："我要使这位仁兄喜欢我。显然，要使他喜欢我，我必须说一些令他高兴的话。"所以我就问自己："他有什么真的值得我欣赏的吗？"稍加用心，我立即就在他身上看到了我非常欣赏的一点。

因此，当他在称我的信件的时候，我很热诚地说："我真的很希望有您这种头发。"

他抬起头，有点惊讶，面带微笑。"嘿，不像以前那么好看了。"他谦虚地回答。我确信地对他说，虽然您的头发失去了一点原有的光泽，但仍然很好看。他高兴极了。我们愉快地谈了起来，而他对我说的最后一句话是："相当多的人称赞过我的头发。"我敢打赌，这位仁兄当天回家的路上一定会哼着小调；我敢打赌，他回家以后，一定会跟他的太太提到这件事；我敢打赌，他一定会对着镜子说："这的确是一头美丽的头发。"想到这些，我也非常地高兴。

试着去寻找客人身上值得您赞赏和称颂的东西，并且真诚地告诉他。一开始也许不容易，但不久就会习惯的。如果能够将真诚的赞美变成一种习惯，那么，要发现一个人值得赞美的地方是一件很容易的事情。

一般来说：如何发现一个人真正值得真诚赞美的地方也有一定的规律可循，比如说，对老年人应该更多地赞美他光荣辉煌的过去、健康的身体、幸福的家庭或有出息的儿女等；对年轻母亲赞美她的小孩往往比直接赞美她本人更有效……

5. 称呼客人得体妥当

得体妥当是指我们对客人的称呼不仅要到位，更不能引起客人的误会和歧义，带人格侮辱性的称谓是绝对禁止的。

在一个航班上曾经发生了客人打架的事件，而该事件的起因却是空中乘务员一句不得体的称呼所致。那是某航空公司从北京飞香港的航班，在正常的空中服务快接近尾声的时候，一位老人家向空中乘务提出了需要一杯热开水的请求。这位空姐随即向该乘务组的乘务长说明此事，在说的过程中，她错误地使用了“老头”这一称谓，在边上坐着的一位客人听了非常不舒服，于是向乘务员提出抗议，乘务员和乘务长都同时向该客人表示了歉意，客人也没有表示异议，事情本该到此结束。可那位不会得体地称呼客人的乘务员却自作聪明地解释：“老头，在北京话中也不是不尊重，我没有其他意思。我也不容易，现在还在发烧……”乘务员的话还没有说完，就被机上一批刚经历了“非典”的香港客人的愤怒和惊恐打断了。他们一听到发烧就本能地联系到“非典”，他们觉得航空公司让发烧的人员为他们服务，是对他们生命的藐视，他们要航空公司给说法。一时间，飞机上一片混乱，任乘务人员怎么解释都无济于事。这时，飞机上另外的乘客看不过去了，在劝说他们无效的情况下，与他们争执起来，继而发展到双方动手的地步，机上的乘务员也无法控制这一混乱不堪的局面。

一句简单的称呼，却引发如此大的骚乱，这是在场的每一个人都没有想到的。所以，得体地称呼您的客人，不仅仅是服务礼貌的要求，更是完美服务的体现。

得体地称呼客人要求我们尽量了解客人所处国家和地区的习惯性称谓，用他们熟悉而不是我们认为合理的称谓来称呼客人。同时，还必须了解在称谓上的一些禁忌，以避免由于我们不得体的称呼而导致的不满。如：在中国，不能直呼祖先的名字和长辈的名字，即使同辈人之间，也一般不直呼其名。在必须问到对方名字时，还得客气地说：“请问尊姓大名?”或“请问尊称? ”等等。汉族非常盛行夫妻间不互相称呼名字，如妻子称丈夫为“外头的”“当家的”“掌柜的”；丈夫则称妻子为“屋里的”“做饭的”“内当家的”等。当然，现在很多人已经用“老公”“老婆”等来代替传统的称谓习惯。还比如，在公共场所，忌用“小姐”来称呼女性，如果对方是已婚，可以称呼太太或“某某的女人”“某某的老婆”“某夫人”等。如果不明确对方的婚姻状况，可以用“女士”来称呼她。

6. 尽量用客人的母语与客人打招呼

对客服务的第一句问候语有特别的意义，对任何国家的客人都用“您好”来问候，通是能通，但是客人的亲切感和满意度将不会太好。如果初次的问候是客人的母语，那么客人将会感到多么意外和感激。所以，您如果经常要为不同国家和民族的人服务，那么，多学几种问候语十分必要，哪怕只是只言片语，有点差错而显得笨拙也没有关系，相当于“您好”的法语“**Bonjour**”、德语“**Guten Tag**”、西班牙语“**Hola**”等基本的能脱口而出。某年的圣诞节期间，公司值机员聂薇为一位德国客人办理乘机手续，他的姓氏长达 18 个英文字母，当聂薇试探着称呼该客人时，他开始很惊讶，继而非常高兴地说道：“很少有人能把我的姓读准，您做到了，很好，公司小姐非常棒！”除此之外，能用客人母语说“谢谢”和“再见”就更理想了。

7. 记住客人的姓名

客人还有一项很重要的需求，那就是：被重视！

被重视是人类的共同需求，也是人性又一弱点。人们追捧权力、追逐金钱、追求成功有相当大的原因是希望通过这些的获得以期得到他人的重视，被重视可以让人精神愉悦。对于大多数按照世俗观点不太成功的人而言，被重视更能够获得一种存在感、一种价值体现。

然而，人的本能是关注自己，当我们观看集体照片的时候，本能会首先找出自己，然后再寻找下一个关心的人。关注自己的本能又渴望得到他人的重视，这似乎有点矛盾，就是这样的矛盾才体现出来人与人巨大的差别。通常较为成功的商业或服务人士，他们都会养成一种好习惯：尽量克制自己的本能，更多地去关注他人，满足他人被重视的需要，让对方愉悦，让对方愿意一次又一次地重复购买。

首先，让客人感觉到被重视的最简单方法是：记住客人姓名，并亲切地称呼出来！

一个人的姓名，对他而言是语言中最甜蜜、最重要的声音。

我们每天都会遇见许多张面孔，初见时热烈地寒暄，互递名片，亲切得如同老友，可是一转身，却再也想不起来对方的名字。人们总是喜欢解释："我的记忆力不好。"似乎记不住别人姓名，是一件理所当然的事。其实姓名是一个人最宝贵的东西，不论面对的是大人物或小人物，能够记住对方的姓名，就容易赢得好感，因为姓名代表一个人的自我，只有在自我受到尊重的时候，人们才会感觉快活。

几年以前，我喜欢晚饭后到住家附近的商场逛逛，看到琳琅满目的美丽货品，我的心情就会慢慢从一天的劳累中解放出来。一天，我与平时一样随意地去到了住家附近最大的一家商场，刚进入二楼的女装区，就有一位年轻的、面带微笑的服务员与我亲切地打招呼，尽管是初次相识，我们却像老友一样地攀谈了起来。很快，在她的引导下，本无购物意愿的我却开心地购买了两套时装，事后却毫无后悔之意。两个月后，我再次进入该商场，刚步上二楼，随着一声亲切的称呼声，她已经满面含笑地出现在我的面前，我惊讶于她的有心和记忆，一次偶然相遇，她却记住了我的名字，老实说，当时的我是非常感动的。

半年后，当我想开试验商店时，我还专程去寻她，希望她能够与我共同发展，遗憾的是，商场里的其他人告诉我，她家里有事，早已经辞职了，谁也不知道她的联系方式。怀着惆怅，我离开了那家商场，从此也再没有时间去那家商场了。几年后的一天，我在另一家商场闲逛时，又听到了久违的称呼，回头一看，果然是她，我相信，我的惊喜让她有点惶恐。现在已经是该商场管理者的她再次热情地为我服务，让我完成了一次愉快的购买行为。尽管我已离开了那个城市，很难再次去享受她的服务，但我后来在逛商场购物时，经常会情不自禁地想到她。

记住别人的名字，并亲切地称呼出来，那就是她成功的原因之一。

吉姆在纽约市的一个贫苦的村庄长大，他10岁的时候到砖厂去工作来养守寡的母亲和弟妹。虽然他从未有机会受教育，然而他凭着爱尔兰人愉快的个性和讨人喜欢的本领，在他 46 岁以前就拥有 4 个大学的学位，并成为民主党全国委员会的主席，美国邮政总监。有一位记者去访问他，问他成功的秘诀。他答："苦干。"记者说："不要开玩笑。"

他问记者，您以为我成功的秘诀是什么？记者回答说："我知道您能叫出 1 万个人的名字来。"

"不，您记错了！"他说，"我能叫出 5 万个人的名字。"

记住别人的姓名并容易地叫出，您就对他已经有了巧妙且很有效的恭维，他就有了被他人重视的极度满足。满足后的他不仅仅会重复性地购买您的产品和服务，更有可能会主动传播您的产品和服务，为您的企业带来意想不到的社会和经济效益。

单纯地让员工记住客人姓名不是一件容易的事情，我们可以通过合理的制度设计和奖惩措施来实现。如客房部可以让员工每天记住 2～3 个自己负责客房的客人姓名，下次客人再次入住的时候，用姓名加尊称称呼客人，客人将是何等的开心？滇池大酒店最让学员记忆深刻的地方是每天客房服务员用手写的问候卡，这样的问候卡不仅表达了酒店对客人的欢迎，而简单的气候介绍、生活小提醒还体现了酒店对客人的重视，还有抬头那含有客人姓名的尊称，更是让客人有被重视的强烈满足感。

设想一下，如果我们的客舱乘务员称呼出常旅客的姓名加尊称，我们的地服员工称呼出贵宾客人的姓名加尊称，客人会有什么样的惊喜？

记住别人的名字，并亲切地称呼出来，那就是您成功的原因之一。

8. 服务忌语

（1）不说“不”的服务

我们在对客人的服务中，永远不要说“不知道”“不行”“不要”“不可以”。要做到这点，就要求我们必须熟悉并牢记服务项目、设施、营业时间及有关的业务知识和人员状况。“知己知彼，方能百战不殆。”

> 某航空公司广州—北京段。18 排 C 座客人投诉在开餐时询问餐盘中为何没有小矿泉水，乘务员回答说：“不太清楚。”客人又问：“我坐过其他航班，有些航班就有，你们为什么没有呢？”乘务员答道：“可能是长航线没有，短航线有。”这时，一位年纪较大的乘务员很不耐烦地反问客人说：“那您能给我一个解释吗？”客人感觉她的态度很不友善，要求她告诉姓名和工号，她说：“要不要告诉您我的地址？”

该乘务员为客人提供了最糟糕的服务，其根源是在服务过程中对客人说出了“不”“不清楚”这样让客人愤怒的词语。作为服务人员，假如还有哪些不足之处，应尽快熟悉充实，才能流利地回答客人所提出的各种问题，让客人称心如意，避免说“不”。例如，收银台的服务员突遇怒气冲冲的客人质问：“我的信用卡怎么会刷不出？上一站刚刚用过，而且是金卡！”这时，作为一名优秀的服务员不能直接回答：“我怎么会知道？”妥善的处理方法是，面带真诚的微笑向客人说：“对不起，请稍等。我打电话给银行，或许是电脑刷卡机出故障了。”然后立即打电话给银行，询问原因。把询问的结果告知客人——电脑出故障了，或请客人换一张信用卡。当然还别忘了再次跟客人说声“非常抱歉，麻烦您，让您久等了”，等等。我相信，经过上述的回答，就能得到客人的谅解，让客人满意。再如，饭店或商场的服务员总能接到订出租车的要求。这本不是饭店或商场服务员的岗位职责。但是，商场服务员不能跟客人说：“这里不叫车。”而是请客人“稍等”，然后主动与有关部门联系，并将办理的情况及时转告客人。所以，您千万不可对客人说“不”，那样会伤害客人的感情。

当然，有时候客人的要求我们确实不能够满足，此时的您唯一可做的就是为客人提供备选方案，也不能够直接回答“不”。比如，客人打电话到饭店订套房，可是，当天饭店的套房已经客满。您不能够直截了当地回答：“本饭店的套房已满。”因为那样就等于向客人说了“不”。在这里，如果您把话改为：“对不起，虽然本饭店今天的套房已满，但如果您愿意的话，某某饭店有您需要的房间，且条件很好，价格也不错，可以为您订下来吗？”最起码，这个回答没有中断与客人的联系，而且，这样的对话让客人感受到了您真正为他服务的心。

随机应变地提出备选方案并不简单，能立即应对客人各种复杂的要求，除了靠经验外更重要的还要有为客人着想的精神，我们应当时常研究“我们能够为客人做点什么”“可以为客人提供什么样的服务”等课题。

（2）不说“这不是我的责任”

这句话不仅仅是在推卸责任，更重要的是它会伤害客人，让客人有您想“抛弃”他的感觉，这最容易让客人愤怒。

案例

衣服送洗后腰带没了　洗衣店：不是我们的责任

案例来源：2010 年 07 月 26 日 07：16：45 浙江在线新闻网站

4 月 28 日，陈女士拿着单位发给员工的福利——三洋洗衣店的洗衣券，将一件羽绒服送到了位于王马路的三洋收衣店。

大约半个月后，陈女士去该店拿衣服，被告知衣服还未洗好。又过了十多天，陈女士再去的时候，发现衣服虽然洗好了，但上面的腰带却不见了。“我当场就提出了这个问题，该店店长便让我把衣服留下，让店员去找找腰带。”

一个多月过去了，7 月 9 日，陈女士又来到该洗衣店，店里的说法是，腰带找不到了。陈女士便要求店家做出相应的赔偿，却遭到拒绝。

“他们说，该店只负责收衣服，既然店里找不到腰带，那就是洗衣服的时候弄丢的。想要赔偿，要我自己去找总店。”陈女士拨打了洗衣单上总店的电话号码，三洋总店却以“洗衣单上无注明”为由，又一次拒绝了她。

三洋洗衣店：不是我们的责任

昨天，记者拨通了陈女士提供的三洋洗衣店总店的电话，工作人员称总店负责人不在，她也无法提供其联系方法。当记者询问该店有几家收衣店时，她马上警惕地问：“分店有几家啊，你想干什么？”

随后，记者向她反映了陈女士的情况，该工作人员坚称“找过了，没有找到”。而对于陈女士的索赔要求，该工作人员含糊其词，没有给出任何说法。最后，她甩出一句——“单子上没写有腰带，不是我们的责任。”

消费者：今后再也不会光顾三洋

对于三洋洗衣店的这种态度，陈女士很气愤：“之前我也去三洋洗过一次衣服，是一套西服，拿回来后发现衣服有点磨损，后来想想再去店里说太麻烦了，也就算了。没想到这次他们把我的腰带洗丢了，态度还那么差。”

陈女士说，当时她也没有特别注意收衣服的工作人员是否在洗衣单上标出衣服有腰带。现在出了问题，他们就不承认了，这是一种很不负责任的做法。“如果有腰带一定要标出来的话，那羽绒服上还有帽子，怎么也没标明？要是本来就没有腰带，当初他们为什么还要我先别拿走衣服，让他们再找找？出了事情就知道推卸责任，我只当花钱买个教训，以后再也不会去该店洗衣服了。”

做人要诚实，若有犯错误的地方，要坦然承认，千万不要说“这不是我的责任”。当然，承认错误需要勇气，但一旦承认后，您也一样会获得极大的满足。只有傻子才为自己的过错辩解。因为，认错不但使您与众不同，而且给人崇高、喜悦的感觉。

当然，可能有很多时候确实不是您的责任，而是您公司其他员工的责任或者是您的合作伙伴的责任，甚至可能是不可抗力的原因或客人的过错。但是，您也不可以说“这不是我的责任”，您只要是公司的一员，您与您的合作伙伴的关系依然存在，那么他们的责任也是您的责任，您有什么立场可以理直气壮地对您的客人说“这不是我的责任”呢？就算是不可抗力的原因造成客人的损失和伤害，但请您记住，客人是购买您的服务而遭遇不可抗力，从而造成损失和伤害的，违背了他们购买服务的初衷，您如果再强调“这不是我们的责任”，您还有一点点的人性和良知吗？这时，您唯一可做的就是尽自己的最大所能减少客人的损失和伤害，降低客人的不满。如果是客人的过错导致的不良后果，我们也应该反省我们是否尽到了告知、提示、指导客人的责任？

只要客人付出了金钱，没得到满意产品和服务，不管是任何原因（甚至不可抗力），我们也负有道义上的责任，所以请不要随口说出“这不是我们的责任”。

在中国的文化和教育当中，现在还存在不少的问题。我们许多人在成长的过程中，不知不觉地接受了一种“不负责任”的教育，这样的教育已经让很多人形成了一种不负责任的习惯，短时间要彻底地改变它不太可能，但我们还必须去改，逐步地、一点一点地改。“不负责任”的教育的一种典型表现就是：在孩子们很小的时候，由于自己不小心，在走路的时候，摔在地上，哭了。中国的爷爷、奶奶、外公、外婆或者爸爸、妈妈会心疼孩子，为了让孩子马上从哭声中停止，通常会这样说：“宝贝，乖，不哭，‘地’不乖，爷爷（当然可能会是爸爸等）打‘地’。”随后，大人的脚跺在地上，脚疼了没关系，只要宝贝没哭了。宝贝呢？看到“欺负”他的地被教育了，笑了，好开心。可是，在欧洲，当同样的事情发生时，大人通常是：“宝贝，勇敢，快起来，自己不小心摔了，没有理由哭，为你的行为负起责任来。”在日本呢，父母通常会是：“宝贝，摔了，想一想为什么？是速度太快还是心不在焉？下次注意啊！”宝贝也会认真思考，哦，刚才走路的时候在想好吃的棒棒糖，心不在焉所以摔了，明白了，走路的时候应该专心，否则要摔跤。看看，我们的习惯教育教了孩子们什么？如果，您不幸已经有了这个习惯，总是喜欢说“这不是我的责任”，那就从今天，从此时开始，彻底放弃这句辩解的话，为您的行为负起责任来，特别是在为客人服务的时候更要如此。

（3）不说“这不是我们的政策”“这不符合我们的规定”

这些话也常被我们用来开脱我们的行为。事实上，客人不关心您的政策和规定，他只关心所有的政策和规定应该让他满意，不满意就应该改。我一直在思考这样一个问题，我们的企业是营利性的经济组织，要赢利有一个前提，那就是要不断地有客人来光顾，为了让客人来，我们需要规范我们的服务，所以制定了若干的规定。可是，在现实中另一种表现让我百思不解，许多的服务人员把制定出来的方便客人的规定作为了拒绝服务的借口。比如，电信部门为了方便用户及时了解自己的通话费用，制定了可以打印电话清单的规定，应该说，这是一个很好的便民措施，但是，在执行的时候，我更觉得它是一个“卡”民的政策。如果不是我的亲身体会，我还真不好评价“我们的规定”这句话带给客人的伤害。

那是在几年前的一个冬天，我的好友的父亲生病住院，身为孝子的她毅然告假回家乡照顾父亲，为了方便与在外地的爱人通话，更为了节约费用，她临时买了一张家乡某电信的手机卡。开始几天一切正常，可一周后就发现不对劲儿了，刚充进 100 元的话费，讲了一通不到 10 分钟的电话就有短信提醒该充值了。纳闷的她只好上当地的电信营业厅，希望能够打印一份通话记录，就这样一个小小的要求，却遭到了现在不能打印，只能在某日后才能打印的回答，理由就是“我们的规定”。面对“我们的规定”，她彻底愤怒了，最后，她依据《消费者权益保护法》《合同法》等法律据理力争，再加上将用媒体参与相威胁，事情总算有了结果。通话记录摆在她面前的那一刻，她没有喜悦，只有作为中国消费者的悲哀。

大多数中国普通的消费者，他们面对“我们的规定”的时候，作为弱势群体的他们是不是特别悲哀和绝望。当一个人绝望以后，他唯一可以做的选择就是放弃您，而选择其他服务。所以，请您不要随意用“我们的规定”来应付您的客人，应付您的客人就是应付您的事业和人生。

“我们的规定”只能够规定和约束员工的行为，这样的规定和约束初衷是为了让客人满意，是为了提升我们的服务质量，可是，许多行业的规定却被某些服务者作为了拒绝服务的借口。

如果规定危害了客人利益，侵犯了客人权益，这样的规定就应该改。单方面强制性地规定客人的义务、剥夺客人权利是霸王条款，法律不仅禁止霸王条款，同时服务中的霸王条款极易引起服务危机。

（4）不说“您不懂”“您错了”

客人不懂我们的服务产品是非常正常的，因为客人是业外人士。“您不懂”不仅是一个软弱无力的逃避搪塞，实则更是一种自我封闭的霸道姿态。而这种姿态恰好与开放的服务理念大相背离。

没有服务意识的服务者，总是要把自己简单的服务弄得“博大精深”，甚至“深不可测”。

对客人说“您不懂”“您错了”，不仅没有礼貌、让人反感，而且从根本上否定了客人，否定了客人的认知水平和智慧。被否定的客人一定会用尽方法证明自己“懂”和“没错”，在这样的证明中，服务危机就产生了。

二、形象美

许多人都有这样一个认识，那就是服务行业是青春的行业，服务业的从业者吃的是青春饭。这是长期以来人们对服务行业的误解，但也是服务行业的现实，要彻底地改变它还需要一段时间。本书所探讨的服务是对所有行业、所有人，因此服务的形象要求必须符合职业人士的形象要求，与年龄无关，更与漂亮无缘。它可以用 **6** 个字来形容，那就是美丽、端庄、大方。

美丽、端庄、大方的基础是美丽。这种美丽不是习惯意义上的天生丽质，而是“人不是因为美丽而可爱，而是因为可爱才美丽”中的美丽，您可以没有天生丽质，但您一定要具备吃苦耐劳和创新的精神，这是服务者必备的素质。端庄、大方要求您的妆容、着装以及服务行为举止要得体、要妥当，更要能够讨人喜欢。

首先，从面容上来讲，通常女士应该妆容淡雅、清新、自然。

男士应该每天剃须、修面，头发干净、清爽。不论男女有一个最基本的要求，那就是：身上不能有体味儿。所以，您要勤洗澡、勤更衣、勤刷牙、勤嚼口香糖（在服务之前，保持口腔清洁、清新是服务者最基本的仪容要求）。

从着装上来讲，您的着装必须符合您的年龄、身份、职业、环境以及时代流行的需要，这就是服装学上说的 **TPO** 原则。**TPO** 是英文 **Time**、**Place**、**Object** 三个词开头字母的缩写。**T** 代表时间、季节、时令等；**P** 代表地点、场合、职位；**O** 代表目的、对象。“**TPO** 原则”要求着装要符合时令；与你所处场合环境相吻合，要符合着装人的身份；同时应根据不同的交往目的、交往对象选择服饰。简而言之就是要求穿着得体而应景。

自从亚当、夏娃在伊甸园偷吃了禁果，人类懂得了羞怯，服装便诞生了，它首先扮演了遮羞的道具。随着人类的进步，服装也经历了遮羞、保暖和美化生活这样三个阶段。在市场经济的今天，服装已经有了它更新的要义，那就是成功的手段。被美国《时代周刊》誉为“美国第一位服饰工程师”的约翰·摩洛埃曾经做了这样一个有关服装的研究：

> 他派一位上层社会出身的大学生去100家公司，每家公司老板都事先通知秘书，这是他新招聘的一位助理，在老板不在公司的时间里，请秘书听助理的指挥。而助理都要求秘书提供三份职员的个人档案。实验将100个企业分

> 成两组，第一组，助理穿着高档服装，头发梳理得一丝不乱，一副成功人士的打扮。在第二组里，助理穿着普通服装，十足一个刚毕业的学生模样。有意思的事情发生了，在第一组试验时，几乎所有的秘书都有求必应，其中 42 次在 10 分钟之内，助理要的三份员工档案到位；第二组里，也就是穿着普通服装的那组，助理受到了冷遇，三分之一的秘书表情冷淡或有微词，10 分钟内员工档案到位的情况只有 12 次，其余以各种理由推脱或不理。

尽管这个实验没有说明表情冷淡的秘书的心态，但以心理学的知识我们可以大胆地猜测，在第一组试验中，“有求必应”的表现和 42 次 10 分钟到位的三份员工档案告诉我们，秘书看到高档着装的助理，心里微妙的活动是：这个人，这么年轻就如此成功，一定能力很强或背景厉害，现在我还是小心配合工作为好。在第二组里，表情冷淡的秘书可能在心里不屑地嘀咕：哼，也不看看自己什么材料，就来指挥我。这个试验让我们重新认识了服装的作用，它不仅仅可以遮羞、保暖和美化生活，它还是一个职业人士走向成功的手段。所以从事服务工作的您，服装应该穿得大方、得体、整洁，给客人以美感，把高贵和尊贵留给客人，这就是您的最佳着装。

形象美的另一个重要方面就是微笑。微笑是人与人之间心灵沟通的钥匙，是一种非语言的心意沟通，是人类最好看的表情，是一句不学就会的世界通用语。如果人人都擅长运用这句世界语，让微笑组成人际关系的链条，让微笑串起服务的每一个环节，这个世界一定会更美。曾在一本介绍世界名模辛迪·克劳馥的书中看到过这样一句话：如果女人出门时忘了化妆，最好的补救方法就是亮出您的微笑。可见世界上最好的化妆品是微笑，您应该经常微笑。

许多成功的人，是因为他的魅力、个性和亲和力。而个性中，最吸引人的，就是那亲和的笑容。行动比语言更具说服力，一个亲切的微笑正告诉别人："我喜欢您，您使我愉快，我真高兴见到您。"

如果皮笑肉不笑呢？这千万不可。这是骗不了人的。我们都不喜欢机械式的笑容，我们喜欢的是真正的、由衷发出的微笑。面带笑容的人，通常对处理事务、教导学生或销售商品等行为，都显得更有效率，也更能培育出快乐的孩子。

某年春节的一天，我们去重庆的奥特莱斯闲逛，看看有没有合适的商品可购买。当逛到一家品牌为 **TOP GLORIA** 店门口时，鞋子的款式和品质深深地吸引着我，不自觉地走进店铺拿起一双比较心仪的鞋子向服务员询问，可是冷漠的服务人员正眼不瞧地把鞋给我，爱搭不理的神情让我知道，今天遇到这种女人，我们算是倒霉了。再看看店其他服务员，无二的表情，无二的神情，难怪这家店里在人群攘攘的奥特莱斯显得格外冷清，我赶紧拉住儿媳的手快速地逃离这弥漫着"瘟神"气息的店铺，并发誓永远不再光临那样的地方。

古老的中国充满了许多处世的智慧，有一句格言很值得我们铭记在心："笑脸通神，恶脸不开店。"微笑服务运用得好，往往能够以真情打动客人的心，收到出人意料的效果。

正如歌手高凌风唱的那样：

人无笑脸莫开店，
顾客只能亲切面，
东西要好加要面，
态度要好嘴要甜，
只要顾客不埋怨，
起码多买好几件。

想来也是啊：没有笑脸的员工，伤的是客人的心，损失的是自己的利。如今早已不是物质匮乏的灾荒年辰，只要有钱，哪里找不到饭吃，哪里买不到自己想要的商品？非得花钱看脸色？

买东西，质量、价格固然重要，而更能温暖人心的是“微笑服务”。服务热情周到的商家，往往会把顾客感动得“不买心里都过意不去”，赢得很多回头客，人气旺，生意自然红火。

“员工微笑的价值胜过老板的决策。”这是服务行业流行的一句话。不过，部分管理者对员工提“微笑服务”的时候，自己往往也没有一张微笑的脸，“酷酷”的表情可以给人留下深刻印象，但一定不会是好印象。也有一些管理者对“微笑服务”的标准很低，仅限于“不要用冷若冰霜的脸把客人吓跑了”，这种浮于表面的微笑自然成了强颜欢笑，会弄得客人不自在甚至难堪。

经商之道，是我们企业的全体员工（包括每一位管理者）要用发自内心的微笑接待每一位客人，把情感投入到每一位客人身上，真心实意地理解他们、关心他们。只有这样，才能让客人“来得高兴，去得满意”。

德国的汉莎航空公司堪称是微笑服务的典范。

当客人上下飞机时，空姐微笑地点头迎送；客人熟睡时，她们微笑着关灯、盖被子；当客人餐后主动递回餐盘时，她们微笑着连声道谢。

这种微笑服务贯穿于整个航程。启程时，当客人脱下大衣，乘务员会赶忙轻步上前，微笑着问：“我可以帮助您吗？”随即帮助客人把大衣折叠整齐，放在座位上方的衣物盒内；黑夜旅程中，她们微笑着为乘客送正餐、小吃、夜宵和次日早餐的菜单。正是她们这种始终如一的真诚的微笑服务，赢得了世界各国乘客的好评。

对于那些时时愁眉苦脸、闷闷不乐的人来说，您的笑容就如阳光穿过云层。因为笑容是一个善意的使者，可以使见到的人的生命都因之变得有希望。那些处于压力下的人，不论他们的压力是来自上司、客人、老师、父母或小孩，一个亲切的微笑可以使他们觉得一切并非完全无望：这个世界仍然有快乐存在。

所以，经常带着微笑的人，到处都会受欢迎。别让烦躁使您忘了

微笑。别因忙碌让您丢了笑容。记得，微笑对人，是全年无休的！

您说您想笑，可您已经没有了这样的习惯，您肌肉僵硬，面容呆痴，如果勉强自己微笑，那笑比哭还难看。不要紧，只要您知道了微笑的重要性和益处，从今天开始，对着镜子、玻璃练习，不停地练习放松肌肉、练习微笑。只要您愿意，您一定可以练出“值百万美元的笑容”！到时候，您微笑的魅力将让世界折服，您将是世界上最优秀的服务者。

您说您想笑，但每天形形色色的人和事让您烦恼，让您操心，许多客人的不理解、抱怨、指责让您心情糟糕透顶，您还怎么可以笑得出来?

一个阳光普照、风和日丽的星期六，山房生意兴隆，人潮汹涌。这时，“果房”餐厅迎来了一位西装革履、红光满面、戴墨镜的中年先生。见到这种客人，谁都不敢怠慢，服务员快步上前，微笑迎宾，问位开茶。可是，这位客人却不领情，一脸不高兴地问道：“我两天前就已在这里预定了一桌酒席，怎么看上去你们没什么准备似的?”“不会的，如果有预定，我们都会提早准备的，请问是不是搞错了?”服务员连想都没想就回答了那位客人。可能是酒席的意义重大，客人听了后，更是大发雷霆，并跑到营业部与营业员争执起来。营业部经理刘小姐闻讯赶来，刚开口要解释，客人又把她作为泄怒的新目标，指着她出言不逊

地呵斥起来。当时，刘小姐头脑非常清醒，她明白，在这种情况下，做任何的解释都是毫无意义的，反而会招惹客人情绪更加激动。于是就采取冷处理的办法让他尽情发泄，自己则默默地看着他“洗耳恭听”，脸上始终保持一种亲切友好的微笑。一直等到客人把话说完，平静下来后，刘小姐才心平气和地告诉他山房的有关预定程序，并对刚才发生的事表示歉意。客人接受了她的劝说，并诚恳地表示：“你的微笑和耐心征服了我，我刚才情绪那么冲动，很不应该，希望下次还能来贵山房见到你亲切的微笑。”一阵暴风雨过去了，雨过天晴，山房的服务空气也更加清新了。

本例的症结在于实习员工质疑客人“如有预定，我们都会提早准备的，请问是不是搞错了”的言语，这样的言语否定了客人，把“错”踢给了客人，引发了客人的愤怒。他应向客人说明：“您等等，我去帮您查对一下好吗？”这样做，既可以避免发生客人大发雷霆、与营业员争执起来的尴尬局面，又是一次促销行为，争取机会为酒店多做生意。

本案例中的笑是化解矛盾的润滑剂。世界著名的酒店管理集团如喜来登、希尔顿、假日等都有一条共同的经验，即服务的金钥匙中最重要的一把就是“微笑”。

微笑服务是服务中永恒的主题，是服务一刻不可放松的必修课，它有着丰富的精神内涵和微妙的情感艺术。我们应该记住，无论客人是否友善，微笑始终是服务的第一原则。

三、姿势美

在服务交流的时候，人们非常重视各种语言交流的训练，但往往忽略了您的一举一动等非语言的成分在交流中发挥了重要的作用。非语言交流就是除语言以外的所有交流形式，它包括身体语言和言外之意。在对客服务中，要给对方留下美好而深刻的印象，其优雅的举止也非常重要，这就要求我们举手投足之间有意识地锻炼自己，养成良好的站、坐、行姿势，做到举止端庄、优雅得体、风度翩翩。正确的姿势可以给人以端庄、稳重、可信赖的印象。其实，姿势本身就可以向对方传递信息，因此，应该作为一种服务手段而加以注意。

1. 站姿

站姿，又称立姿。它是指人在停止行动之后，直着自己的身体，双脚着地，或者踏在其他物体之上的姿势。它是人们平时所采用的一种静态的身体造型，同时又是其他动态的身体造型的基础和起点。

站姿是我们服务工作中第一个引人注视的姿势。优美、典雅的站姿是发展人的不同质感和动态美的起点和基础。良好的站姿能衬托出美好的气质和风度，长期保持良好站姿的人还能够让自己的形体在任何时候都处于最佳、最美、最挺拔的状态。“站如松”是说人的站立姿势要像松树一样端直挺拔。站姿的基本要点是挺直、均衡、灵活、舒展大方，要有精力充沛、积极向上的印象。

一般服务都是站立服务，要求站姿一定合乎规范，这样既能体现出服务人员自身的素质，又能反映出服务者的水平。

常用的服务站姿有 5 种：

（1）肃立站姿

要领是：两脚并拢，两膝绷直并严，挺胸抬头，收腹立腰，双臂自然下垂，下颌微收，双目平视。

（2）体前交叉式

要领是：男服务员左脚向左横迈 1 小步，两脚展开，两脚尖与脚跟的距离相等，两脚之间距离以小于肩宽为宜，双手在腹前交叉，右手大拇指与四指分开搭在左手腕部，身体重心放在两脚上，腰背挺直，注意不要挺腹或后仰。

女服务员站成右丁字步，即两脚尖稍稍展开，右脚在前，将右脚跟靠于左脚内侧前端，腿绷直并严，腰背立直，两手在腹前交叉，右手握左手的手指部分，使左手四指不外露，左、右手大拇指内收

在手心处。

（3）体后交叉式

要领是：两脚跟并拢，两脚尖展开呈 60 度左右，腿绷直，腰背直立，两手在身后交叉，右手搭左手腕部，两手心向上收。

（4）体后单背式

要领是：站成左丁字步，即左脚跟靠于右脚内侧中间位置，使两脚尖展开呈 90 度，身体重心放在两脚上，左手后背半握拳，右手自然下垂。

另外也可站成右丁字步，即右脚跟靠于左脚内侧中间位置，使两脚尖展开呈 90 度，右手后背半握拳，左手自然下垂。

（5）体前单屈臂式

要领是：右脚内侧贴于左脚跟处（呈丁字步），两脚尖展开呈 90 度，左手臂自然下垂，右臂肘关节屈，右前臂抬至中腹部，右手心向里，手指自然弯曲。

另外也可以左脚内侧贴于右脚跟处（呈丁字步），两脚尖展开呈 90 度，右手臂自然下垂，左臂肘关节屈，左前臂抬至中腹部，左手心向里，手指自然弯曲，重心放在两脚上。

对于这 5 种站姿，在服务工作中根据具体场景选择适合的站姿。如需经常用手为服务对象做递送物品一类的服务，服务人员就可采用肃立站姿、体前交叉式或体前单屈臂式的站姿，这样可方便及时地用手为服务对象进行服务。

在学会了基本的站姿之后，男性服务人员在站立时，要注意表现出男性刚健、潇洒、英武、强壮的风采，要力求给人以一种“劲”的壮美感。女性服务人员在站立时，则要注意表现出女性轻盈、娴静、典雅的韵味，要努力给人以一种“静”的优美感。

2. 走姿

走姿又被称为行姿，指的是一个人在行走时采取的身体姿势。走姿是一种动态美，是一个流动的造型体，优雅、稳健、敏捷的走姿会给人以美的享受，产生感染力，反映出积极向上的精神状态。

在服务过程中，如果服务人员经常需要陪同客人一同行进，在行进的过程中，给客人以引导。陪同引导的标准是：第一，采取正确的方位。引导时要尽量走在客人左侧前方，整个身体半转向客人方向，保持两步的距离。第二，保持步调一致。与客人同行时，应尽量与客人步调一致。第三，以客人为中心。在陪同引导客人的时候，一定要处处以客人为中心。在遇到障碍物时，一定要提醒客人留意。

基本走姿训练只是提升服务质量的需要，而服务质量的好坏是以客人满意为标准，所以，服务人员的走姿应该以最快、最方便为客人服务为前提，忌本末倒置。

小芳是一个永远充满热情的销售顾问，每当老顾客到来时，她总是用小跑方式来到顾客面前，诚挚地问候顾客。当顾客需求某件服装时，她也总是用小跑方式为顾客从库房取货，耐心为顾客讲解卖点，悉心为顾客试穿。每当与顾客温馨道别后她都不忘将顾客档案进行细致整理，定期回访。

常年坚持，小芳成为了金牌销售员，屡屡成为年度销售冠军。当公司总结她的销售心得时，她说："用小跑方式服务顾客，是令顾客陡然间产生自尊的最好方式，对顾客地位的认可，帮助了销售达成甚至是高额消费。"

用小跑方式为客人服务，是小芳总结出来的最佳、最恭维客人的服务走姿。当然，在服务于客人时，不论采用任何形式的走姿都必须保持面部朝向客人，同时服务者的目光要照顾到客人。

3. 坐姿

符合规范的坐姿能向客人传递自信练达、积极热情、尊重他人的信息和良好的职业风范。服务人员在使用坐姿语时必须明确两点：一是要注意入、离座的先后顺序（客人之后入、离座并从座位左侧入座）。二是自觉采用正确的坐姿。

坐姿的基本要求是：端庄、文雅、得体、大方。所以，服务人员的基本坐姿应该是"端坐"。

"正襟危坐"式：适用于最正规的服务场合。要求是：上身和大腿、大腿和小腿，都应当形成直角，小腿垂直于地面。双膝、双脚包括两脚的跟部，都要完全并拢。

垂腿开膝式：它多为男性所用，也比较正规。主要要求是：上身和大腿、大腿和小腿都成直角，小腿垂直于地面。双膝允许分开，分的幅度不要超过肩宽。

前伸后曲式：它是女性适用的一种坐姿。主要要求是：大腿并紧后，向前伸出一条腿，并将另一条腿曲后，两脚脚掌着地，双脚前后要保持在一条直线上。

双脚内收式：它适合在一般场合采用，男女都适合。主要要求是：两条大腿首先并拢，双膝可以略为打开，两条小腿可以在稍许分开后向内侧屈回，双脚脚掌着地。

双腿叠放式：适合穿短裙的女士采用。主要要求是：将双腿一上一下交叠在一起，交叠后的两腿间没有任何缝隙，犹如一条直线。双脚斜放在左右一侧。斜放后的腿部与地面呈45度角，叠放在上的脚的脚尖垂向地面。

双腿斜放式：它适合于穿裙子的女士在较低的位置就座时所用。主要要求是：双腿首先并拢，然后双脚向左或向右侧斜放，力求使斜放后的腿部与地面呈45度角。

双脚交叉式：它适用于各种场合，男女都可选用。双膝先要并拢，然后双脚在踝部交叉。需要注意的是，交叉后的双脚可以内收，也可以斜放，但不要向前方远远地直伸出去。

在保持正确的坐姿时，我们要做到：第一，头部位置端正。不要出现仰头、低头、歪头、扭头等情况。整个头部看上去，应当如同一条直线一样，和地面相垂直。在工作时可以低头俯看桌上的文件、物品，但在回答别人问题时，必须抬起头来，不然就带有爱理不理的意思。在和别人交谈的时候，可以面向正前方，或者面部侧向对方，不可以把后脑勺对着对方。第二，身体直立。坐好后，身体也要注意端端正正。因工作需要而就座时，不应当把上身完全倚靠着座椅的背部，最好一点都不倚靠。在客人面前，最好不要坐满椅面。坐好后占椅面的 3/4 左右，最合乎礼节。交谈的时候，为表示重视，不仅应面向对方，而且同时应将整个上身朝向对方。第三，手臂的摆放。入座后放手臂的正确位置主要有 5 种：一是放在两条大腿上。双手各自扶在一条大腿上，也可以双手叠放后放在两条大腿上，或者双手相握后放在两条大腿上。二是放在一条大腿上。侧身和人交谈时，通常要将双手叠放或相握地放在自己所侧方向的那条大腿上。三是放在皮包文件上。当穿短裙的女士面对男士而坐，身前又没有屏障时，为避免“走光”，可以把自己随身的皮包或文件放在并拢的大腿上。随后，就可以把双手或扶，或叠，或握着放在上面。四是放在身前桌子上。把双手平扶在桌子边沿，或是双手相握置于桌上，都是可行的。有时也可以把双手叠放在桌上。五是放在椅子扶手上。当正身而坐时，要把双手分扶在两侧扶手上；当侧身而坐时，要把双手叠放或相握后，放在侧身一侧的扶手上。

4. 蹲姿

服务人员在整理工作环境或拿取、捡拾低处物品时，往往要采用蹲姿。服务人员应该站在所取物品的旁边，蹲下屈膝去拿，抬头挺胸，再慢慢地将腰部放下；两腿合力支撑身体，掌握好身体的重心，臀部向下；蹲下的时候要保持上身的挺拔，神情自然。

在蹲下的过程中，要注意避免突然下蹲、离人过近、方位失当（忌正或背对客人）、毫无遮掩、随意在不合适的地方弯上身、翘臀部等不雅的姿态，这不仅损毁个人形象，同时也令客人感到尴尬。

5. 服务手势

手势也称手姿，指的是服务人员在服务过程中使用手臂而出现的各种动作和体态。

在服务过程中常用的手势有：横摆式，请人行进时指示方向；直臂式，引导或指示物品所在方向；曲臂式，请人进门；斜臂式，请人入座；双臂式，适宜人员较多的手势。

在使用常用手势为客服务时，一定要用手掌并且掌心向上，切不可用手指对服务对象指指点点。

小结

◎ “请”是一种礼貌，更是一种姿态。当一个人对另一个人说“请”时，这个人已经将“尊贵”和“显赫”给了另一个人，将谦恭的姿态表现了出来，被“请”的人将非常乐意为“请”字后面的行为努力，因为他体会到了“尊重”和“恭维”。

◎ “谢谢”别人的好意帮助是文明的标志、社会的规范，更是感恩的一种具体表现。能够说好“谢谢”的人是一个有教养、有风度的人。

◎ “对不起”就是站在对方的角度去想问题。它会使很多复杂的问题一下子变得简单和温暖。

◎ “到堂”的服务用语其实非常简单，就是用客人熟悉的语言与之交流，而不是您的语言或您认为很标准的语言。

◎ 赞美是符合人性的法则，适当得体的赞美，会使人感到开心、快乐，被赞美的人会给您意想不到的回报。一有机会就赞美您的客人，永远不要嫌多。

◎ 用他们熟悉而不是我们认为合理的称谓来称呼客人。

◎ 记住别人的姓名并容易地叫出，您就对他已经有了巧妙且有效的恭维。

◎ 美丽、端庄、大方的基础是美丽。吃苦耐劳和创新的精神，这是服务者最需要的美丽。

◎ 服装的作用不仅仅是遮羞、保暖和美化生活，它还是一个职业人士走向成功的手段。

◎ “笑脸通神，恶脸不开店。”无论客人是否友善，微笑始终是服务的第一原则。

◎ 正确的姿势可以给人以端庄、稳重、可信赖的印象。

第四章

好

好：优点多的，使人满意的（与“坏”相对）；用在动词前，表示使人满意的性质在哪方面；友爱、和睦；健康；用在动词后，表示完成或达到完善的地步；表示赞许、同意或结束等语气。

一、服务技术好

1. 以“客人是朋友”取代“客人是上帝”

在我们讨论服务技术的时候，首先应该转变我们的一个服务观念。许多企业和服务人员在他们的服务规范和头脑里将客人置于上帝的位置，“客人是上帝”似乎已经根植于心。可是，现实里我们的上帝感觉又是如何呢？我曾经看到这样的一篇文章：“我多想成为您的朋友！”文章描述了作者经历的一次服务过程：

> 一天，他来到某营业大厅，站在高高的柜台外，接受坐着的服务人员的服务。整个过程，美丽的服务人员头没抬、眼没看、话没说，主人公拿着服务人员扔出来的一份表格，一脸的茫然和无助，想问又不敢，怕服务人员烦，更怕服务人员恼。正在他无所适从的时候，柜台里的美丽

女郎抬起了头，一脸灿烂的微笑，他以为服务小姐良心发现，要以更优质的服务来弥补刚刚对他的冷落。可小姐的目光没有停留在他的脸上，而是穿越他的肩头，落在了他身后的一位后来的客人身上。在热情的寒暄后，小姐忙着指导这位“贵客”怎样填写表格，伴随着她的微笑，服务在快乐的氛围中很快就结束了。

在送走这位“贵客”后，小姐又回到了从前的状况。看呆了的他怯怯地对小姐说：“小姐，我想享受那样的服务。”小姐终于用眼斜了他一下：“他？是我的朋友，您，是我的上帝，您知道不？”“那我可以成为您的朋友吗？”他焦急地说道。没有想到，最后小姐不但没有批准他成为朋友的“申请”，还摔下一句“神经病！”愤然离开了自己的工作岗位。

我多想成为您的朋友，而不是冰凉的、被高高挂起的上帝！这是客人发自内心的期盼和愿望。看到这里，您可能笑了，这样的事情在我们的生活中每天都在发生，这太正常了。正常吗？如果这样的事情是正常的，那么我们的服务就是非常不正常的。

毋庸置疑，“客人是上帝”的服务理念对于提高中国服务水平曾经起到了一定的积极作用。但是，如果不能真正把握甚至是误解“客人是上帝”这句话的真实含义，对于服务则是一件有害的事情。

与其将客人当上帝，不如将客人当朋友。将客人当朋友，客人享受到的是作为朋友的温馨、惬意和舒适，而作为朋友的客人，在我们面临服务危机的时候，也会更愿意伸出朋友之手帮助我们解决危机，而不是公事公办地苛求我们。中国有句俗话：朋友多了路好走。如果我们能够在内心把我们的客人当作朋友，真心与客人交朋友，在服务过程中让客人感受到朋友的关怀和照顾，那么随着时间的推移，在我们的常客中，将会有越来越多愿意帮助我们的朋友，帮助我们的朋友越多，而这样的朋友还是客人的话，我们还有什么样的事业做不成功的呢？所以，我提倡以“客人是朋友”取代“客人是上帝”。

2. 客人是我们的衣食父母

曾经去拜访一位老领导，领导说他给他们部委后勤的干部开会时说到《弟子规》中的服务理念，我很受启发。

商业领域有一句话几乎是家喻户晓，“客人是我们的衣食父母”，它道出了一个颠扑不破的事实，企业的存在是因为有客人的支持，客人用行动和货币养活了企业以及企业中的人，就如同父母抚养了我们。

“客人是我们的衣食父母”，那么对于父母，儿女们应该如何做呢？

首先，“父母呼、应勿缓”。父母呼唤，应及时应答，不要拖延迟缓。因此服务者应该第一时间回应客人的呼唤，回应客人的要求。对于客人的要求迟迟不予理睬，甚至傲慢地回应的时候，我们是不是该反思，我们是好“儿女”吗？

其次，“父母命、行勿懒”。父母交代的事情，要立刻动身去做，不可拖延或推辞偷懒。这句话更好地诠释了服务的精神，那就是客人的要求只要不违法、不违反公共安全、不违背社会公序良俗，我们都应该按照客人的要求创造性地去解决客人的问题，不可拖延，更不可找各种托词推脱不作为，也不可有偷奸耍滑的作为。

第三，“父母教、须敬听”。父母的教诲，应该恭敬地聆听。恭敬地聆听，讲的是一种态度，是一种听取逆耳之言的胸怀，其形式上是毕恭毕敬的，实质上是用放低自己的姿态的方式体现对客人的尊重。现在我们许多做商业服务的人，心态浮躁，心胸不够开阔，一旦听到一点逆耳之言，就绷不住、受不了，解释，解释，不停地解释，让客人感受到的不是虚心的态度和服务的诚意，而是一味辩解带来的推责。

最后，“父母责、须顺承”。做错了事，受到父母的教育和责备时，应当虚心接受，不可强词夺理。被人责备，总是不爽，这是正常的心理反应，我们可以理解。因此，我们最好的做法就是通过自己用心、用脑地付出，提供无差错的服务、完美的服务。不管客人出于什么目的对我们的工作提出责难，我们都要本着“有则改之，无则加勉”的态度虚心接受，切不可强词夺理，甚至反指责对方。

而且从某种意义上说，客人是我们的衣食父母，服务好我们的父母是天经地义的“孝”道。

首先，客人本身也不是上帝，神明的上帝永远不会无礼，而我们的客人在某些时候却会无礼，而且会非常无礼，因为他是食人间烟火的凡胎。如果以“客人是上帝”的理念要求服务员工以客人为尊，为客人提供更为满意的服务当然无可厚非。“上帝”理应得到足够的尊重与礼待，但尊重和礼貌都是双方的，客人也要“顾德”，不违背起码的相互平等、相互尊重的原则才好。遗憾的是，很多服务以“客人是上帝”为由要求服务员工迎合甚至满足客人所有的要求，这则未必妥当。《扬子晚报》就曾转载了这样一条新闻：一位酒店服务生在推门送客时，不慎碰到一位客人的胳膊，服务生忙不迭赔礼道歉，但这位客人却得理不饶人，破口大骂；上海某餐厅在晚间营业时，由于突然跳闸停电，食客竟趁黑逃单；武汉某商场为客人备了几百把“雷锋伞”，结果借出去的伞除了一名小学生归还外，其余的竟有借无还……另一个更为可笑的例子是，在“客人是上帝”的理念指导下，湖南某酒店餐饮部的女经理竟然总结出一套“发嗲服务法”，并授之于麾下的服务小姐。该女经理训示服务小姐要尽量用眉目和身体语言来招徕挽留客人，要“零距离”接近客人，甚至发生身体接触，并要求做事、说话都要肉麻，用“发嗲”招呼客人，越肉麻客人会越喜欢。试想一下，如果这也算是“客人是上帝”的话，是不是中国所有的酒店都应该再“改进改进”，以满足“上帝”更多需求，招揽更多客人？

其次，上帝不能被抢夺，而客人是可以被每一个服务企业和服务者抢夺的。

任何服务都不能回避其获得利润的本质，任何服务都在试图“抢夺上帝”和“征服上帝”。哈佛大学商学院教授迈克尔·波特针对服务的竞争环境，提出了著名的波特模型，波特认为，服务最关心的是它所在产业的竞争强度，而竞争强度又取决于“潜在的竞争者”“现有的竞争者”“替代品的生产”“供应者的讨价还价的能力”及“购买者的讨价还价的能力”这5种基本的竞争力量。显然，在这5种竞争力量当中，“现有的竞争者”“潜在的竞争者”和“替代品的生产”与服务竞争的直接结果就是“抢夺服务客人（上帝）”；而“购买者讨价还价”背后的直接原因就是“竞争者”或“替代品”能够提供更高质量和更低价格的同类产品。因此“客人压价”实际上间接地转化成了服务与“现有竞争者”和“潜在竞争者”之间的竞争。服务一旦面临客人的压价，如果不屈服于这种压价，就会将客人拱手送给自己的竞争者，从而“失去客人”。表面上，大部分“供应者”并不直接抢夺服务的客人。他们只是凭借于自身产品的质量和市场优势，通过提高服务投入的“要素价格”与降低“单位质量价值”的能力，从而影响现有服务的盈利能力和竞争能力。事实上，这种“供应者的讨价还价能力”同样转化成了与“现有竞争者”之间的竞争，最终导致对服务客人的抢夺。因为只有“竞争者”或“替代品”愿意以更高的价格购买“供应者”的产品，这种“讨价还价的能力”也才能表现出来。同样，服务要么接受“高价”的成本投入，降低盈利，要么被“竞争者”获得这种优势，抢夺更多的客人。从这个意义上来说，服务就是战争，客人就是服务要占领的阵地。所有的服务竞争聚焦于对上帝（客人）的抢夺！难道“上帝”也可以被抢夺？

3. 服务流程要让客人感觉方便和舒适

服务技术好的前提是我们的服务流程不仅要规范、合理、科学，更要让客人感觉方便和舒适，也就是要体现人性化的服务。在饭店用餐的时候，在飞机上，高高在上的服务人员的目光让我们有一种乞求服务的感觉，什么时候您的服务能够让我们的目光平视，什么时候我可以不用仰着脖子来迎接您俯视的光芒？在许多的服务培训中，我们都告诫服务人员，要平视您的客人，可是，坐着的客人与站着不肯弯腰的您怎么来实现目光的平视？在日本迪士尼的员工服务规程中有这样的规定：请您时刻与客人的目光平视，如果对方是一个孩子，请您蹲下来与对方交流。“蹲下来”这三个字，使人性化的服务得到了充分体现。这里以目光为例，目的是希望我们检讨一下在我们的服务规程中有多少这样让您的技术大打折扣的规定。

我在福建参观著名的古建筑——宏历厝的时候，尽管建筑学的知识我不懂，但我感慨颇深的是它人性化的设计，迎接客人的大门，不管是一道门、二道门，还是三道门等，门中间的门槛都是可以取下的，目的是方便身着长裙的女客人，多么周到和细致的考虑。所以，要服务技术好，请换一个角度来审视您习惯已久的服务流程，从客人的方面来体察它：客人方便吗？会增加客人的舒适感吗？如果答案是否定的，请尽快调整。

某餐饮有限公司的餐厅没有统一的服务流程，服务千差万别，都想当然地来做事，员工不能在规定时间内完成相应的工作，岗位衔接度很差。比如咨客接待到客人，询问客人需求及位数后直接带位到座位后就离开了，不对值台服务员交代，也不提醒。客人要么被冷落很久，要么等值台服务员发现后过来又再次询问客人重复的话题，搞得客人很不满意。再如择菜与洗菜岗位，洗菜工一定要等到择菜工把菜择出之后再工作，而不会主动协助择菜。餐厅未很好地考虑岗位间的融合度，生意忙不过来的时候就一味增加岗位人员配置，这就因为流程的死板和不畅造成人力资源浪费，同时也就无形地增大了人力成本。

这样不合理的服务流程在中国的服务业中还极其普遍。服务企业不重视服务流程的设计，或服务企业站在自己的角度想当然地设计服务流程，结果使客人感受到极大的不方便，所以，服务流程让客人感觉方便和舒适是服务技术好的前提。

4. 服务技术水平高

服务技术好还必须落实到服务人员个人的服务技术水平高，且无可挑剔。哈尔滨市1993年的“十佳”服务之一的杨华是哈尔滨市第一百货商店鞋帽售货员，她有一套绝活，那就是可以从客人的手型判断客人脚的大小，卖一双鞋只需要3分钟。北京百货大楼糖果柜曾经有一位师傅练就了“一把抓”功夫，他可以一把抓出客人需要的糖果重量，且分毫不差。重庆也有一位卖肉的服务人员可以做到“一刀准”，他在电视上的表演让人们啧啧称奇。他们的服务技术不是一天两天的功夫，更不是一蹴而就的事情，而是他们长期刻苦磨炼的结果。

5. 缩短客人的等待时间

有时候，我们对服务的不满仅仅在于服务的速度太慢，让我们等待的时间太长而已。

> 2004 年的某一天上午 10 点左右，我到我们家楼下的某一国有商业银行的一个营业点去交手机话费，当我拿到等待单时，上面显示在我的前面还有 7 位客人，心中暗自庆幸等待的人并不多。于是，我便坐下，耐心地等待叫我的号码。
>
> 百无聊赖的半小时过去了，可是，我听到的号码离我还有 6 位客人的距离，诧异的我开始认真观察柜台员工的工作，这一看让我彻底失望了，我估计按照她的效率，到下午下班时间轮到我的可能性都不大。于是，我上前试图与她做一个沟通，面如冰霜的她头也不抬地说，一边等去！无奈和无助的我又耐心地等，等啊等，一小时过去了，我的前面还有 4 位客人在等待服务。这位员工不仅仅是服务效率低，更可怕的是在她那里，没有公平和公正，面对部分客人的“夹塞”，她置若罔闻，不但不加制止，还用她

的默认行为助长这种现象。

如我一样等待了很长时间的客人愤怒了，我们一起向该营业点的经理投诉，让我们啼笑皆非的是，她似乎对经理的话也不放在心里，依然我行我素。难道是因为她的服务就这个水平，这样的投诉和批评对她而言已经太多，以致麻木了，习惯成自然了？还是她自认有天大的“靠山”，谁能奈我如何？带着极大的不满，我离开该行，到了一街之隔的另一家银行拿了等待单，哇！我前面还有8位客人等待服务，又会是怎样呢？怀着忐忑的心，我坐了下来，嘿，神了，4分钟的时间就为我服务了。

两相比较，出于对前面银行的热爱，我打了银行的投诉电话，目的只是希望他们能够改善服务效率，缩短客人的等待时间，提升客人的满意度。接线员非常客气和礼貌地听完整个过程，然后承诺48小时内给我一个答复。无数个48小时过去了，我的投诉石沉大海，我不得不佩服：靠着国家吃饭的银行和银行工作人员真牛！只是不明白，银行的领导和员工想过没有，在加入WTO后的今天，在政府对银行业的扶持越来越少的情况下，这样的服务能够支持企业的明天和未来吗？如果企业没有了明天，我们的员工将会怎样？

在服务系统中，等待是不可避免的，当服务需求超过服务企业的运作能力时就会出现等待。等待时间是消费者评价服务的一个关键因素，对服务评价会产生消极或积极的影响。为了减少负面的影响，服务企业就要通过改进其服务传递系统以提供迅捷的服务，如果一项服务要求客人等待，那么就要采取行动在不改变实际等待时间的同时，设法减少等待的负面影响。客人的等待时间有两种维度：实际等待时间和心理感受的时间，实际等待时间是客观的，而心理感受的时间则是主观的。

通常下列几种情况会让等待感觉漫长：首先，空虚的等待时间更长。静止中的等待是空洞无聊的，这种空虚的感觉会增加客人主观感受到的等待时间长度，令客人觉得“度日如年”。其次，焦虑使等待更显长。等待会使客人愈发焦虑，随着等待时间的延长，焦虑心情会加剧，使等待显得更长。再次，言而无信使等候更长。预见中的等待可以接受，在服务企业没有承诺时客人可以接受等待，但是如果服务企业作出了不可兑现的承诺，言而无信会使客人感觉等待的时间更长。最后，没有解释使等待更长。在说清楚原因的情况下，客人会认为等待是有意义的，如果服务提供者对服务的等待或延误不提供解释，客人就会觉得等待的时间很长。

另一方面，让我们等待感觉短的情况是：第一，遵守规则的等待不显长。客人按照顺序接受服务是一种公平原则，如果等待是有秩序的，客人的焦虑心情会缓解，可以安心等待；反之，如果等待中有人不遵守规则，客人就会从平静的等待变成相互竞争，造成心理紧张，从而使等待变得更长。第二，分散注意力会减缓等待的焦虑和不安，让客人的注意力放在客人感兴趣的项目或娱乐中，不知不觉就到了接受服务的时间。第三，愉悦的等待不算长。对于心理的等待时间，由于它是一种心理感受，这种感受因人、因时和因事有非常大的差别。有时候，您的服务时间非常短，但客人却认为服务太慢；而有时候，由于等待的客人较多，服务的时间很长，但客人们却毫无怨言。这是为什么呢？我们应该用心理学的观点来看待和分析客人的心理等待时间。按照心理学的观点，人在快乐、祥和、温馨的氛围里，常能保持幸福的心理感觉，具有幸福感的人常常认为时间是很短暂的。所以，我们应该通过我们的服务让客人在等待时有快乐、幸福的感觉。第四，能够控制的等待可以忍受。什么原因导致的等待？我还要等多久？这样的信息是等待中的客人最想知道的，他们可以根据这些信息来选择是等待或是放弃服务，他们还可以根据信息选择暂时性的离开或延后来到服务现场，以避免长久在现场的无聊等待。可以控制的等待让客人感觉不到等待的漫长。

等待是服务的一部分，为了提高客人的服务质量评价，就要有效管理客人的等待时间，使客人在等待中得到良好的服务经历，留下美好的服务体验。

首先，要尽量优化我们的服务流程，要让我们的流程科学、合理而又简化，尽量让客人在较短的时间内接受我们的服务。

其次，要提高服务效率。提高服务效率，以最快、最有效的方式为客人服务，需要我们苦练基本功。台上一分钟，台下十年功，反复的劳动竞赛，不断的勤学苦练，可以提高我们的服务速度，让客人享受快捷的服务，而不是等待的无奈。

第三，开辟等待区域，在等待区里，充实客人的等待时间。在客人等待服务时，通过对其等待时间的充实，能够丰富客人的认识活动并抵消一定量的延迟服务的负面影响。通过充实时间，客人会将较少的注意力用于关注时间的流逝，等待会显得短暂些；另外，如果客人的注意力集中到别的活动上，对服务的等待就不会显得很突出；而且，相关的充实物不仅可以转移正在等待的客人的注意力，还可以使他们认为服务已经开始，因此会使等待时间看起来很短暂或者不存在了。

服务提供者可以给客人在等待时间里提供一些服务，以充实他们的等待时间。例如，在机场大厅为客人增加一些娱乐和文化设施，以充实客人的待机时间；在空中服务中增加客人参与的娱乐节目来转移他们对漫长旅程的注意力；在航班延误时与客人及时沟通并安抚客人的情绪，可以减少客人的烦躁心情。在用餐高峰，可以通过电视、杂志、各种棋牌等活动缩短客人的等待时间。

第四，建立等待规则并严格执行。建立等待规则并严格执行这样的规则，在规则面前，没有特殊的客人，没有不公平的事情发生。

第五，定期传递信息。定期传递信息不仅是客人知情权和选择权的体现，更增强了客人对等待的控制感。等待的不确定性削弱了客人的控制感，是造成客人紧张心理的根本来源。提供等待信息，促进客人积极等待的信息会提高客人对环境的预测能力，降低不确定性，刺激他们重新评价等待，使他们感觉到等待是可知可控的，从而积极地接受等待。此外对延迟的解释使客人了解必须等待的原因，表明服务企业对客人的负责态度和他们对客人的重视与由衷的歉意，可以舒缓客人的不满情绪，促使他们较平静地接受等待。因此，在客人等待时，服务提供者应该适时提供有关的等待信息，对延迟作出合理的解释。

第六，提高服务人员的控制能力。事实证明，服务人员的控制能力会影响客人对等待的反应，当客人认为服务人员能够对等待进行控制而未控制时，他们会比较生气，认为服务人员是不可靠、不可信赖的，觉得等待是不可接受的。服务企业应该赋予一线服务人员适当的权利，让他们在一定范围内为客人解决人为不可控因素以外的等待问题，减少客人的不满。

第七，营造美好的等待环境。通过灯光色彩的变化、空间色彩的调整、等待区域的配饰，给客人营造一个温馨、祥和、幸福的等待环境。

第八，重视等待时的服务语言。作为提供服务的人，在意的并不仅仅是“给客人提供了什么样的服务”，还要考虑让客人怎样感受您的服务。不管服务的提供者本人多么卖力地奔跑想提供快捷的服务，客人觉得不满就算服务失败。很残酷，更没有统一的标准，但这是现实。相反，如果有一点技巧，做起来并不很费劲儿却也能减轻客人的不快感。

设想一下，在某饭店前台周围的情形，傍晚5点左右，是Check in（登记）最拥挤的时间，前台前排着成队的客人，可前台员工只顾得上招呼眼前的客人。不管是谁，都不得不等，这绝不是一件愉快的事情，光是等待本身，客人就已经陷入了不快的心境。要是这时候，前台员工的表情和态度上表现出“没看见这么忙吗？有什么办法？！”“这个时间段里，等是当然的”之类的情绪，效果会是如何呢？实际上可能只等了 1 分钟，客人却会感到让他等了 5 分钟、甚至 10 分钟。这就是“精神上的等待时间”。

所以，让客人等待时，一定要特别留心怎样减轻客人“精神上的等待时间”。为此，应向客人传送“让您久等，很抱歉”的信息。像“让您久等，我们心里很过意不去”“您能等待我们，从心里感谢”等。

在客人不得不等待时，我们的员工如果能够将“请稍等，马上为您服务”“对不起！让您久等了”“您能等待我们，我们从心里感谢”等语言作为此时的服务语言，客人的等待也没有那么痛苦了。

6. 提供无缝隙和无差错服务

由于服务产品与其他实物产品相比，具有不可流动、不可储藏、生产与客人消费同时进行的特点，因此，我们所提供的服务必须是无差错的。提供无差错服务的前提是服务者个人的服务完美无缺。管理学上有一个著名的木桶原理，在这里姑且将它称为木桶原理一（因为后边还有一个木桶原理），该原理认为：一只木桶能够盛的水量取决于木桶中最短的一块木片，而不是最长的一块。这个原理应用在服务中，就是服务质量的好坏取决于您服务技术最弱的部分，即您的弱项，而非强项。

一般来说，造成服务质量问题的因素有两类，即缺乏基本的服务知识和认真的服务态度。知识的缺乏可通过培训、教授、上岗实习等而充实；但态度的漫不经心只有通过个人觉悟或强制性的反复灌输培训才有可能改进。

“我们第一次做事的时候就要把事情做好。”这是印在马里奥特饭店《质量手册》封面上的一句口号。为了防止错误发生，一般要采取下列措施：(1) 员工要进行上岗前或岗位变动前的培训，知道如何去做好工作。(2) 每一位老员工都有义务用示范方式指导新员工如何做好工作。(3) 每一位员工要对自己的工作进行自查，每一位主管要对员工工作进行全面检查，确保在宾客到来之前有备无患。(4) 为了确保饭店质量，饭店还可以设立“质量警察”来巡回检查。(5) 建立和完善预测客人需求制度。

马里奥特的《质量手册》告诉我们，无差错服务的基础是：第一次做事情的时候就要把事情做好。开展零缺点工作日竞赛，使员工养成无缺点的工作习惯，使个人的服务尽量完美无缺，使第一次的事情做到最好。

零缺点工作日可以循序渐进地进行。为了帮助我们养成把工作做好，不产生错误的习惯，我们可开展无缺点运动。可以开展无缺点工作天、无缺点工作周、无缺点工作月等竞赛，逐渐使我们养成无缺点工作的良好习惯。

光有个人的完美服务还不能给我们的客人提供好的服务，那是因为服务产品的最终质量还取决于整个服务过程的良好配合。服务质量是一个整体，由各个岗位的每一项工作和每一个人的每一个行为构成，客人只要有一处不满意，这一质量就是坏的。这样就产生了一个著名的质量否定公式：**100-1<0**。其含义是：如果我们有一项工作没有做好，或者设施设备出了问题，我们的服务质量就是坏的。这样，我们就不能原谅任何缺点。

这就是我要说的木桶原理二：一只木桶能够装多少水不仅取决于每一块木片的长度，还取决于木片与木片间的结合是否紧密。如果木片之间存在缝隙或缝隙很大，同样无法装满水。所以，服务技术好还要求我们要注重服务的配合协调。

某城市有一个居民区发生了火灾。事后在寻找火灾原因时，消防官兵发现火灾现场有一段高压线，高压线离一棵参天大树仅有不到一米的距离，只要遇雷击，火灾就会在所难免。

为什么这么明显的火灾隐患没有引起当地街道的重视而加以消除呢？记者带着这一疑问去寻访时惊奇地发现，发生火灾是一个必然的结果，火灾隐患是一个无法解的死结。

当初，街道发现了这一情况后，立即找了电业部门，希望他们从当地居民安全的角度将这段可疑的高压线移位，电业部门也确实派来了两名工人师傅，当师傅正准备移线时，发现了不到一米远的大树，工人说，应该先将树砍掉，否则他们的操作将是违规的，然后一走了之；无奈，又请来了林业部门的人员，林业部门的人指着高压线说，先把线移走，他们才能够砍树，否则不仅违规而且不安全。就这样，在互相的推诿中，火灾发生了。

这种情况在我们国家还非常普遍地存在，不管从部门，还是从个人的角度，谁也不愿去迁就和配合谁。这种没有大局、全局观念的行为已经让我们饱尝苦果。当我们的服务管理出现缝隙的时候，究竟有没有方法克服可能出现的危机呢？

我们提倡，企业内部管理中，一旦出现“权责不清”的情况，在还没有通过有效的管理手段理清权责关系时，服务意识就是弥补管理缝隙最有效的手段。

内部服务意识要求我们做到：

第一，我们企业里的每一个员工都要牢记：我们的下一道工序或者下一个员工就是我们的客户，是我们需要用心去服务的对象，是我们要让其满意的第一个客人。只有这样的服务意识才可以毫无怨言地为负责其他工序的员工做好职责里还没有明确但却是必需的服务工作。

第二，我们的企业里更要有一种文化，那就是下一道工序或员工是上一道工序或员工的质量检查员。我们有一份责任，就是保障企业为客人提供满意的服务产品，这样的保障需要每一级人员都把企业的利益放到首位，如果发现前一工序的严重失误，不仅有责任提出并督促其改正，否则，更要为因上一工序失误而扩大的企业形象和经济损失承担更大的责任。

当管理出现空白的时候，当缝隙还没有被弥补的时候，只有牢固树立“下一道工序是客户，我们是上一道工序的质检员”这样的服务意识，我们企业的服务产品瑕疵在面向客人之前才能够得到有效的修正，服务才能够更让客人满意。

在过去的宣传和教育中更多地提倡“不当元帅的士兵，不是好士兵”“宁为鸡头，不为凤尾”这样的行为观念，不可否认，这样的话曾经激励了许多人。但是，凡事都有利有弊，元帅只能有一个，而士兵却需要无数，如果都是元帅而没有士兵，那元帅又去领导谁呢？所以说，大多数人尽管有当元帅的愿望，但成为士兵的可能性却非常大，如果怀着落魄元帅的心态来当士兵，他肯定不是一个优秀的士兵。如果您现在只能是士兵，请用优秀士兵的心态来争取当一名合格的士兵。那就要学会配合，配合您的团体，配合您的领导，配合所有应该配合的事情，让我们这只桶是一只最能够盛水且坚固的大桶。在小品《配角》中，陈佩斯非常形象地刻画了配角的心态，不甘也不忍。朱时茂非常大度地将主角给他，可配角的他怎么看怎么不是主角的料。当然，艺术有夸张，生活不完全是这样，可是，不管怎样，我们生活在大社会、大团体中，我们就应该明白而且非常乐意地去配合别人，为了团体目标，为了客人的满意，也为了您的个人利益，开心地当一名配角吧。

淡化服务链条间的各服务主体意识，放大服务整体性是服务无缝隙的重要内容。在服务过程中，建立“首问负责制”、“无界”服务和服务补台，是实现服务无缝隙的重要措施。

二、信息沟通好

有效的沟通是通往卓越服务的第一步。这里讲两个小故事。

第一个故事是：

一位朋友在不久前谈起了他参加的一个研讨会。开始时研讨会的总体气氛还是比较融洽的，但这一切都被一名专家给搅乱了。这位专家在探讨到自己涉及的领域时显得十分激动，滔滔不绝，其他与会者发表意见时时遭到他的打断，整个会场只有他一人口若悬河地发表意见，引起了大家的不满，研讨会在很尴尬的气氛中草草结束。

还有一个是一则寓言：

一把坚实的大锁挂在铁门上，一根铁杆费了九牛二虎之力，却无法将它撬开。一个瘦小的钥匙来了，它把身子钻进锁孔，只轻轻一转，那大锁就“啪”的一声打开了。铁杆奇怪地问：“为什么我费了那么大力气也打不开，而你却轻而易举地就把它打开了呢？”钥匙说：“因为我最了解它的心。”

第一个故事告诉我们：作为一个好的聆听者是成为一个成功沟通者的重要特质之一。那位专家就是没有注意双方沟通时“注意倾听”这个细节才引起公众的不满。在我们的服务中最让客人生气的是服务人员不听他们说话！ **Dorothy Dix** 说：“成名的捷径就是把您的耳朵而不是舌头借给所有的人。”就是强调了倾听在有效沟通中的重要作用。后一个故事则说明：打开锁其实很容易，只要您有钥匙。人与人沟通不难，关键是您如何用既准确又不失巧妙的方式打开它。

中国联通有一句广告词：沟通从心开始！是的，人与人的沟通就是从心开始的。现代社会是开放交流的，我们不仅要把自己的思想、情感和信息传递给别人，又要解读他人的思想、情感和信息。这种沟通是我们在服务工作中取得成功和生活中获得满足的一个不可或缺的链接。

1. 不良服务沟通心态

每个人都拥有自己的喜怒哀乐，都有区别于他人的心理活动。高质量的沟通，我们必须从正确的“心态”开始。

在服务沟通中，经常存在这样几方面不良心态：

自私：关心在五伦以内。就是说我们对客人的关心是有亲疏之分的，首先是家人、朋友，然后是贵宾和上司，最后才是普通客人。

自我：服务中的“自我”包含了两方面的内容。一是别人的问题与我无关。服务冷漠是服务的最大问题，在自己职责范围内的事情，我们尚且勉强应付，如果客人面临的问题不在我们职责之内，“与我无关”的表现便更会让客人感受到“透骨”的寒气。二是在服务的态度上“以我为尊”，以我的心情、我的利益为处理问题的出发点，较少真正地考虑客人的心情、感受和利益。

自大：我的想法就是答案。我们很少去真正了解客人、分析客人的所思、所想、所需，在提供服务产品或进行服务补救时，我的想法就是答案。所以，耐心地倾听客人的所思、所想、所期望是部分服务者难以做到的事情。

故事：

在一个仓库里，几个人把一块手表掉了，大家竭力寻找，却怎么也找不到。后来一个小孩趁这几个人休息的时候来到仓库，趴在地上，找到了那个手表，因为他用耳朵听到了手表嘀嘀嗒嗒的声音……

本故事说明：________________________________

2. 提倡的服务沟通心态

正确的服务需要下列心态：

主动沟通：主动就是“没有人告诉你而你正做着恰当的事情”。主动沟通可以避免客人误会，主动沟通可以满足客人的知情权，主动沟通可以化解矛盾，主动沟通还可以将危机消灭在萌芽状态。

包容沟通：作为服务提供者，我们会接触到各种各样的客人，每一个客人的爱好和需求千差万别。这就要求我们学会包容，包容他人的不同喜好，包容别人的挑剔。水至清则无鱼，海纳百川有容乃大。我们需要锻炼同理心，我们需要去接纳差异，我们需要包容差异。

我们的沟通心态将决定我们的服务效果。唯有心态解决了，我们才会感觉到自己的存在；唯有心态解决了，我们才会感觉到生活与工作的快乐；唯有心态解决了，我们才会感觉到自己所做的一切都是理所当然。

3. 有效沟通需要对等的大平台

> 哈佛商学院的教授接到非洲土著用电烙刻出的请柬，邀请他到非洲讲述部落的竞争力战略。教授为了表示对土著人的尊敬，准备了好几套西服上路。土著人为了表示对文明国度著名教授的尊敬，准备按照部落最高礼节以迎之。
>
> 讲课的第一天，教授西装革履地出现在土著人面前，

讲了一整天，一直在冒汗。为什么呢？原来土著人以最高礼仪在听课——男女全部都一丝不挂，只戴着项圈，凡私处也只遮盖着树叶，在下面黑压压地站成一片。第二天，教授的讲课同样也是一个冒汗的过程。为了入乡随俗，他同样也脱得一丝不挂，只戴了个项圈，私处也只遮盖树叶；但是，土著人为了照顾教授的感受，吸取了头一天的教训，于是全部西装革履。直到第三天，双方做了很好的沟通，台上台下全穿西装，竞争力战略顺利地传授下去。

看似一则笑谈，其实已经传递出沟通的公理——有效的沟通需要对等的大平台。

经常看到服务企业与客人的沟通：企业是高高在上，绝对的说一不二，客人只能被动地接受不公平的服务协议，这样的服务沟通是毫无意义的，更是无效的，因为它没有站在同一个大平台上。

4. 注意双向沟通

双向沟通是有效沟通的基本特征。在双向沟通时必须具备三个行为：说、听、问。如果只有单方面的说和听，这样的沟通将很可能无效。

我在许多地方授课时都做了这样一个游戏，让每一个学员手上拿一张纸，游戏的规则是：首先，请他们闭上自己的眼睛；其次是他们要严格按照我的话去行为（多次折叠，或撕去部分纸张）；再次是他们不能够向我提出任何问题，如果他们控制不住提出了问题，我也不负责解答；最后是他们之间不能够有任何形式的交流和互动。在这样一个游戏中，他们每一个人都自认为是理解了我的信息内容并严格遵照执行，可出来的答案五花八门，为什么会这样呢？在游戏进行中，我传达的指令信息是非常简单的，简单的6句话却出现了多样结果。因为我指定的游戏规则剥夺了他们问的权利，单纯的说和听，单向的信息传播是沟通中的大忌，它会引发听众的误会，这样的服务沟通是无效沟通。

在信息时代的今天，人们已经越来越不能够满足于纯粹的服务交易，而要求能够直接与服务对话，甚至是参与服务。而互联网的出现更为服务互动提供了前所未有的机会和方法，它们赋予了客人选择信息、回应公司以及与全世界人士谈论公司和品牌的能力。在网络时代，由于信息传播的广泛性和迅速性，服务的任何瑕疵都有可能给企业带来灾难性的打击。因而建立与客人密切的联系、倾听客人的心声、加强双方的交流便显得尤为重要。有研究表明，一个品牌的层次与其客人参与的程度存在着一种正比的关系。如果服务品牌在客人心目中的层次和地位越低，客人参与服务的愿望也相对较弱，而如果一个品牌在客人心目中的层次和地位越高，甚至是认为这个品牌关系到自己的切身利益，那么这个客人就越愿意参与这个服务的各种活动，服务与客人的关系越紧密，特别是当他们将品牌视为一种精神品牌时，这种参与程度便可以达到最高境界。因此，这就要求服务必须改变以往的单向的灌输式信息传播方式，建立双向的服务沟通和互动，让客人参与其中，才能与客人建立起长期的、稳定的感情和友谊，从而立于不败之地。

5. 关注服务沟通的态度

人在进行沟通时，都是有一定态度的。不论是友好、合作或是冷漠、傲慢都是不同沟通态度下的行为表现。

将沟通中的态度分为五种，如图 2 所示。

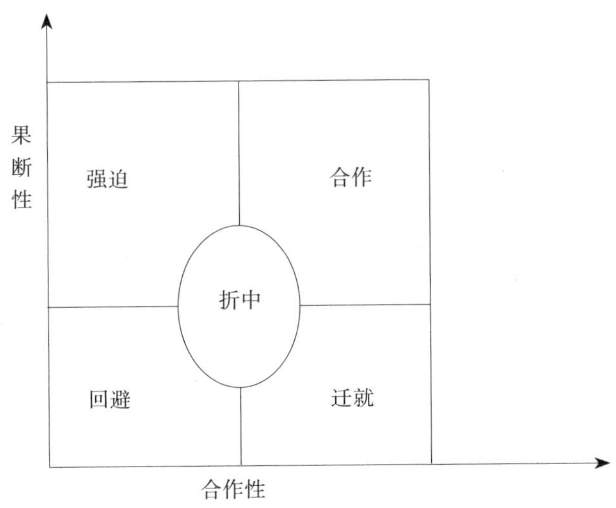

图 2　沟通中的态度

（1）回避态度

不主动并且尽可能回避与对方当事人的沟通，是一种较消极的沟通，持这样态度的人往往被认为没有合作精神。这种态度通常出现在对沟通结果没有把握，或知道沟通结果，但对结果的应对办法还没有思考明白的时候。如果对方采用这样的态度来沟通，我们千万不要紧逼对方，应该给对方充分的理解和包容，给对方思考的时间，否则会得到一个对自己不利的结果。

在某些时候，抱怨是人们情绪的一种发泄方式，而所抱怨的内容并不一定是真正需要解决的问题。所以，面对客人这样的抱怨，最佳的沟通态度是回避。

在某些超常规服务的时候，在我们还没有明了某些情况或关系的时候，为了客人的满意，为了公司利益，我们还应该适当用一点回避的态度。

（2）强迫态度

这是一种强制性的态度，采取强迫态度的沟通者常拥有一定的权力或其他资源优势。所以一般上级对下级（有权力者对无权者）、父母对小孩比较喜欢用这样的态度进行沟通。当然，适当的强迫有利于事情的解决，但是，经常性的强迫会使被强迫方产生逆反心理。

在服务中，如果客人的行为威胁到其他客人的生命财产安全时，面对不合作的客人，我们必须用强迫的态度与之沟通。

案例

请系好安全带!

案例来源：乘务长自诉

我是一名有多年飞行经验的主任乘务长，一直以来，我都秉承热心、爱心的服务理念，所以对客人的态度都非常友好和热情。可是，有一天，我却非常粗鲁，态度很不好地对待了一名客人。

那是一次上海飞昆明的飞行。在飞机降落的时候，由于气流的影响，飞机颠簸非常厉害，大多数客人都很配合我们的工作，系上安全带并安静地坐在自己的座位上。可是，就在这个时候，一名中年女士却解开安全带，从座椅上站立起来，并打开了行李架翻检自己的行李。面对我一遍遍“请系好安全带”的请求，她却置若罔闻，继续在剧烈颠簸的情况下翻拿行李。情急之下，我迅速解开我自己的安全带，一个箭步冲上去将她按到座椅上，并冷冰冰地扔下一句：“系好您的安全带！”合上行李架后快速地离开了她。

事后，我经常性地反省我的态度，并总想她怎么不投诉我呢？

思考

1. 您认为这位乘务长的态度正确吗？为什么？

2. 如果您是该客人，您会怎样评价这样的服务？

（3）合作态度

这是最民主、平等的一种沟通，沟通双方都有果断性和合作性，双方都站在对等的平台上进行沟通，也都能承担责任。良好的沟通需要合作的态度。

（4）迁就态度

迁就就是一方对另一方的过分顺从和包容，这样的沟通人情往往大于原则。这通常发生在无权力者与有权力者的沟通时候（下级对上级），当然，也发生在一个人对另一人有特别爱恋的时候。

（5）折中态度

不主动也不回避，不果断但也不推诿。沟通结果好，双方皆大欢喜；沟通结果不理想，就有不承担责任的理由。这是非常典型的圆滑，是不负责任的一种沟通态度。

客人是我们的衣食父母，他们对我们是有权利的，我们要热爱我们的客人。因此，正常的服务应该用合作，甚至适当迁就的态度进行沟通。

服务沟通一般按照事前准备、现场沟通、阐述观点、处理异议、达成协议和事后反馈这样的步骤进行。在沟通的过程中，我们要用热情去点燃客人，尽量消除沟通障碍，用清晰、准确的语言传递信息，用开放的身体语言表达我们的欢迎，用明快的口气传递我们的喜悦，用心去倾听客人的要求和不满。多说、多问是增加双方信息共识的有效方法，更是赢得别人的信任，使别人愿意接受我们服务的有效沟通技巧。

最后在这里强调一点，倾听技巧在服务沟通中可能比其他技巧

显得更重要。通过倾听，可以了解客人的需求；通过倾听，可以及时让客人发泄情绪，以提高客人的满意度；通过倾听，可以更好地理解客人的感受；通过倾听，还可以得到许多对我们有用的信息。所以，完美的服务应该是良好倾听的服务。做一个耐心的倾听者应该注意以下几点：一是对讲话的人表示称赞，这样容易使对方对您有信任感，信任是沟通的基础态度。二是全身心注意倾听，要使您的目光、姿势、语言等都在鼓励对方交流。如：点头、提问、重复和加以确认等。

乔·吉拉德向一位客人销售汽车，交易过程十分顺利。当客人正要掏钱付款时，另一位销售人员跟吉拉德谈起昨天的篮球赛，吉拉德一边跟同伴津津有味地说笑，一边伸手去接车款，不料客人却突然掉头而走，连车也不买了。吉拉德苦思冥想了一天，不明白客人为什么对已经挑选好的汽车突然放弃了。夜里11点，他终于忍不住给客人打了一个电话，询问客人突然改变主意的理由。客人不高兴地在电话中告诉他："今天下午付款时，我同您谈到了我的小儿子，他刚考上密西根大学，是我们家的骄傲，可是您一点也没有听见，只顾跟您的同伴谈篮球赛。"吉拉德明白了，这次生意失败的根本原因是自己没有认真倾听客人谈论自己最得意的儿子。

三要对对方表示理解。四要观察对方的表情。最后，在没有听完客人的意见之前，别打断对方的话或匆忙下结论，那会让客人不满。事实上，在许多时候，客人要的是一个倾听者，而不是说教者，只要您能够耐心地听完客人的话，您就是提供了一个满意服务。

沟通信息好还包括在服务的过程中要及时、准确地将有关信息传递给客人。生活中许多的矛盾来源于矛盾双方的误会，而产生误会的多数原因是双方的信息沟通不畅。同样，客人的不满大多也来源于误会。消除误会的唯一且正确的方法就是及时向您的客人传递他们想知道的信息真相。

6. 关注服务沟通中的非语言沟通

非语言沟通（Non-verbal Communication）是相对于语言沟通而言的，是指通过身体动作、体态、语气语调、空间距离等方式交流信息、进行沟通的过程。在沟通中，信息的内容部分往往通过语言来表达，而非语言则作为提供解释内容的框架，来表达信息的相关部分。因此非语言沟通常被错误地认为是辅助性或支持性角色。

非语言沟通更多的是传递沟通者之间的态度、情感或者思想变化。服务者要善于从客人的非语言行为中观察其有没有表达的愿望，也就是通常说的“眼力见儿”。服务行业在选择员工的时候，应该尽量选择有眼力见儿的员工，换句话说，一个人的眼力见儿应该是作为职场人、社会人特别是服务企业的员工的最基本的素质要求。那么，怎样才可以选到有眼力见儿的员工呢?

考察一个人的眼力见儿其实非常简单，曾经有一个星级酒店的老总在招聘面试员工的时候，常用的一个方法就是向整洁的大堂里随意丢下一团废纸，看看每一个面试者的态度。我们还可以在面试员工的时候用心观察，注意他的陈述，看看他是关注别人的感受，还是自顾自地完成自己想要表达的内容，必要时我们还可以随意打断他的陈述，观察他对此的反应，等等。

选择是一个方面，更重要的是对员工的培养和训练，培养有眼力见儿的员工在服务企业是非常重要的人力资源内容。企业内部时时刻刻的换位思考，注重客人体验的服务文化建设是熏陶员工眼力见儿的重要环境。如果从我们的高层，我们的管理层都只有自己的角度、自己的立场、部门的本位，那么，我们的员工也很难有部门的立场、公司的利益、客人的需求，更难有主动帮助他人、与人为善，为社会、集体奉献的意识。

员工的眼力见儿还需要企业科学、充分的授权制度来支撑。没有科学、充分的授权，员工就算有足够的眼力见儿，就算能够准确把握客户的合理需求，也会心有余而力不足，也没有足够的资源和制度支持员工去满足客户合理、合法、合情的服务需求。

最后，希望服务企业有一套奖惩分明的制度体系。奖励那些在平凡工作中“以客人为中心”“以客人利益为出发点”“以客人满意为导向”的服务行为，惩戒那些“以自我为中心”“以公司利益为借口损害客人利益”“以我赢了为目的”的服务恶习。在企业与客人之间只有服务与被服务的关系，只有各自实现自己利益满足的双赢服务结局，没有战争，更没有打败客人的胜利者。

服务需要眼力见儿，服务企业更需要眼力见儿。只有高情商的服务团体，才是客人永远用行动和货币去支持的团体。

三、客人评价好

客人评价好的具体表现就是客人开心地笑了!

1. 口碑是最好的广告

良好的“口碑”能带来巨大的经济效益，不良的“口碑”则可能给服务带来毁灭性的打击。当您准备购物时，总会向周边的朋友打听一声：去哪儿好呢？这位朋友会说这儿好，那儿不好。他说好的地方可能直接影响到你的决策，因为他一定在那里有过愉快的购物经历，这种愉悦体验将形成一种良好的“口碑”，在朋友圈内传递。所以，“口碑宣传是最好的广告”。一传十、十传百的口碑接力宣传是最有效的宣传方式。

您没法控制人们说什么。所以最基本的就是把您的服务做好。在如今的网络时代，不重视口碑宣传是注定要失败的！客人们结伴而行活跃在各个论坛、聊天室，形成一个团体，加入这个团体，会从中找到每天生活的意义和乐趣，发现自己的存在价值。因此，离开由朋友组成的团体，就意味着失去了自己的生活根基，迷失了方向，所以他们不敢擅自行动。由于这样的群体的存在，受口碑宣传的影响慕名而来的客人是服务者最好的朋友和最忠实的支持者。比如说，当你漫步街头时，看见令人眼花缭乱的数不清的酒吧、快餐店的招牌，你有随便进入一家未知的酒吧或快餐店的勇气和心情吗？恐怕连推开门的愿望都没有吧。

但是，当朋友对你说："那家快餐店很便宜，我很熟悉，你可以去尝尝那里的风味，说是我介绍的，定会受到热情招待。"听了这番话后，你便能放心地去那家快餐店了。当你在常去的那家酒吧饮酒时，是否想过下面的问题："为什么这家酒吧开在被鳞次栉比的高楼淹没的角落里？"按道理这种连东西南北都分不清的角落应不适合开酒吧。然而，正因为口碑宣传的力量，在不起眼之处也能开酒吧，而且生意兴隆。有趣的是，您名气越大，客人越愿意自豪地向别人宣传、推荐您。

2. 关注服务中的细节——细心、细致、细微

有一本书叫作《细节决定成败》，如果您看过，您一定明白细节在很多时候是非常重要的，不管您的计划多么周全，不管您准备得如何充分，一个小小的细节都会让您功亏一篑。

内地有家工厂，为了能从美国引进一条生产无菌输液软管的先进流水线，曾做了长期的艰苦努力，并终于说服了对方，且美方的代表已经来到中国，就要在引进合同上正式签字了。可是，在签字的那一天，在步入签字现场的那一刹那，中方厂长突然咳嗽了一声，一口痰涌了上来，他随口将痰吐在了墙角，那些精细的美国人皱了皱眉。显然，这个随地吐痰的小细节引起了他们的忧虑：输液软管是专供病人输液用的，必须绝对无菌才能符合标准，可西装革履的中方厂长居然随地吐痰，想必该厂工人素质不会太高，如此生产出的输液软管，怎么可能达到绝对无菌？于是，当即改弦更张，断然拒绝在合同上签字——中方将近一年的努力便在转眼间前功尽弃！一个“细节”砸了一笔生意！

阻碍企业和个人进步的事往往是容易被忽略的小事。越是专业的人，越是有成就的人越懂得关注细节。也正是那些细节造成了最终结果的不同。

在日渐浮躁的商业社会，希望获得更好结果的人们，总是无休止地追逐下一个目标，至于过程中的“细节”，似乎谁都懒得去理会，但他们恰恰忘记了这正是可以带来好结果的关键所在。所以，建议您好好留意这样几点：一是没有什么是“小事”，只要是构成结果的一部分，都值得您去重视。二是关注工作流程，只要目前还没有达到最佳效率，就应该关注细节。三是请您明白，不好的服务与优秀服务的差距来自于细节，造成不同服务效果的事情，往往是容易被忽略的小事。细节不是小事，所以要让客人的评价好，我们必须关注服务中的细节，做到细心、细致、细微地为客人服务。

有一个人到欧洲的一个地方去旅游，据说当地的咖啡世界闻名，许多游客都慕名而来品尝美味的咖啡。他也选择了一家当地人向他推荐的咖啡店，该店是由客人自己完成咖啡的冲泡后，再慢慢品味咖啡的香甜。进到店里，他要了一壶咖啡，刚准备自己冲泡时，老板过来了，示范了全套咖啡冲泡方法和品美味的动作，告诉客人一定要让咖啡在口中停留片刻，用舌头卷上咖啡慢慢享受。客人被震撼了，想不到一杯小小的咖啡还有如此多的学问，客人真想马上重复一遍老板的动作，然后品尝美味的咖啡。这时，老板让店员重上了一壶咖啡，告之客人“免费”。客人在老板的亲自帮助下，品尝了有生以来最香甜的咖啡。在离开该店的时候，客人看到了古老的店名“1848”。1848 年的咖啡店，到现在不仅仅存在，更重要的是生意非常红火，那么多世界名人，还有亲王、女王在该店品尝咖啡的记录向世人昭示着该店世界名店的身份和地位。

老板为新客人的整个服务过程就是细心、细致、细微服务的最好诠释。

在日本东京的迪士尼乐园做清洁工也不是一件容易的事情，因为他是与游客接触最多的人，是迪士尼的形象代表。所以，每一位清洁工在正式上班之前都要进行两个月的培训。

培训室是一间贴满创始人沃特·迪士尼肖像和米老鼠、白雪公主和七个小矮人玩具的训练室，可爱极了。

在迪士尼扫地要用三种扫把：一种是用来耙树叶的；一种是用来刮纸屑的；一种是用来扫灰尘的。迪士尼的清洁工要学会怎样扫树叶才不会让树叶飞起来；怎样刮纸屑才能把纸屑刮得更好；怎样扫灰尘才不会让灰尘飘起来。不仅如此，迪士尼还另有规定，清洁工在开门、关门、中午吃饭时、客人距离15米以内等情况下都不能打扫。因为这些细微之处如果做不好，都会让游客不快。

在迪士尼，除了扫地，每个清洁工还要学习照相！在培训时，每位清洁工的面前都摆放了十几台世界上最先进的相机。清洁工必须学会所有照相机的使用方法，这是因为在迪士尼的游客随时都有可能请清洁工帮忙照相，他们手持的相机可能会是世界上最新款式的相机。如果员工不会照相，不知道这是什么东西，就会给游客造成遗憾和不愉快的感觉。真是贴心且细心的培训啊！

迪士尼的员工还是迪士尼的活地图。站在迪士尼的任何一个角落都能够辨别出方位，并且能够准确地说出就近的服务项目的具体位置。如：上洗手间，右前方，约50米，第三号景点东约150米，等等。的确，客人会问各种各样的问题，将整个迪士尼记在脑子里，就能够让客人感到便捷、快乐。在迪士尼，快乐产生于每一个细节！

3. 在服务中培育精益求精的工匠精神

在十二届全国人大四次会议的政府工作报告上，在谈到2016年的工作重点时，李克强总理说，要鼓励企业开展个性化定制、柔性化生产，培育精益求精的工匠精神。

这是政府工作报告里第一次提到“工匠精神”这个词。

“玉不琢，不成器，人不学，不知道”。

工匠，一般指技艺高超的手艺人，而这些人身上所具备的严谨、专注、敬业的精神，被称为“工匠精神”。从历史的维度来看，工匠是现代社会之前的一个群体，他们的工作主要依靠手工完成。工业革命之后，机器化大生产代替了手工作坊的生产，工匠逐渐受到了冷落。然而，在机器化大生产的时代，更注重产品的精度和品质，这和工匠精神不谋而合。

每个人都会有一份属于自己的工作，都会服务于社会的不同层面，其不同之处仅在于，各自工作中所要完成的任务及方式相异。我们每个人在自己的工作岗位上，有的人终其一生不过原地踏步，而有的人却在平凡的工作岗位上如鱼得水、得心应手、有声有色。最根本的原因只是他们对自身工作的认知和对待工作的态度及处理方法不同。把工作当作一种修行，才能做出极致的产品，才能取得非凡的成就，才能提供最完美的服务产品。

日式管理最值得学习的是一种精神，而不是具体做法。这种精神就是工匠精神：第一是热爱您所做的事，胜过爱这些事给您带来的钱；第二就是精益求精、精雕细琢。精益管理就是“精”“益”两个字。在日本人的概念里，您把它从60%提高到99%，和从99%提高到99.99%是一个概念。他们不跟别人较劲儿，只跟自己较劲儿。简单地说就是自愿把事情做好，因为这代表一种荣誉。如果没能做好，也会感到憎恶和耻辱。坚持“工匠精神”的企业，依靠信念、信仰，看着产品不断改进、不断完善，使服务不断提升、不断完美。最终，通过高标准高要求历练之后，成为众多客人的骄傲，无论成功与否，这个过程、这种精神是完完全全的享受，是脱俗的，也是正面积极的，这就是要提倡的“工匠精神”。

“工匠精神”的核心是：不仅仅是把工作当作赚钱的工具，而是树立一种对工作执着，对客人负责，对所做的事情和生产的产品精益求精、精雕细琢，使提供的服务尽可能完美无瑕的精神。当您做某件事的时候，您就要跟它建立起一种难割难舍的情结，不要拒绝它，要把它看成是一个有生命、有灵气的生命体，要用心跟它进行交流。工匠精神，就是追求极致的精神，就是追求完美的过程，并且专业、专注。工匠精神不是口号，它存在于每一个人的身上、心中。长久以来，正是由于缺乏对精品的坚持、追求和积累，缺乏对完美服务的追求才让我们的个人成长之路崎岖坎坷，组织发展之途充满荆棘。这种缺乏也让持久创新变得异常艰难，更让基业常青成为凤毛麟角，所以，在资源日渐匮乏的后成长时代，在互联网思维狂舞的疯狂年代，在人们对产品和服务要求越来越高的时代，重提工匠精神、重塑工匠精神，相当于追本溯源，这是中国制造业升级的必经之路！更是中国服务业发展的必由之路！也是实现“心要美好不投机”的服务理念的唯一之路！

4. 关注服务的最终结果——解决客人的问题

服务是指为他人做事，并使他人从中受益的一种有偿或无偿的活动。不以实物形式而以提供劳动的形式满足他人某种特殊需要。客人从中受益是服务的目的，任何一项服务只有解决客人想让我们解决的问题，客人才可能实现受益的目的。

解决客人问题，不仅需要我们有解决问题的能力和技巧，更需要创造性思维。

任何企业中都有可能存在无所谓文化，员工对什么都无所谓，既不找领导，也不去消除心中的愤恨；管理者也对什么都无所谓，不去主动地发现问题和解决问题，因此大家共同造就了企业内部的“无所谓文化”的企业文化。在无所谓文化中，员工更注重行动而不是结果，管理者更注重布置任务而不是发现、解决问题。任何企业中都存在无所谓文化，员工无所事事，却认为企业“欠”着他们的，这也是因为管理层创造了一种“应得权利”的文化。要打破这种无所谓文化，或调动那些唯恐失去工作的人们的积极性，就得在风险与稳定之间建立适当的平衡点。

无所谓文化在现实中的表现就是：努力了就行了，结果并不重要。这句话，如果用来进行心理调适和治疗，倒是非常不错。但如果用在工作中，特别是用在服务工作中，那麻烦就大了。当您调动了所有的服务资源为客人服务，结果不能解决客人的实际问题，客人不满，您也不会开心。经常听到这样的抱怨："我们已经尽了最大努力了，但有些事情不是我们能够解决的，只能这样了，您要怎么着，不满就不满吧，我们尽力了。"真的尽力了吗？尽力了就应该能够解决客人的问题，退一步说，尽力了却不能解决客人的问题，那就是您根本没有解决这一问题的能力，按照中国古话说的"没有金刚钻，就别揽这个瓷器活儿"，揽了这活儿就应该有这个本事和能力解决客人的问题。您就那么不关心客人的问题的最后结果吗？恐怕是没有金刚钻的您想关注服务的结果，但却无能为力了，所以只好说"我们尽力了"，以唤起客人的同情和施舍（给一点面子的说法叫理解），太天真了，这可能吗？说到这里，我突然想到了"理解"这个词语在生活中的泛滥，"请理解、理解，我也有难处"，所以，做不到承诺不是我的错。"理解一下吧，人家也不容易"言下之意，偶尔骗您一下何必太认真。如果"理解"被用于开脱责任，那这样的理解是非常危险的。我认为，这种理解更不适合服务人员来要求客人，客人没有义务必须理解服务的不周，理解服务的失误甚至您的主观错误或您的难处，如果客人能够给您报以理解，那是您的幸运；如果客人不理解您，那是特别正常的，您没有权利要求客人必须理解。如果您牙疼去看医生，医院的环境很好，医生的态度很好，护士也对您微笑，开始您挺快乐也挺满意，可是，就是怎么都治不好您的病，您会因为表面的服务效果而理解他吗？您会留下来继续忍受牙病的折磨还是另选名医，相信您定会快快去别的医院求医问药了。所以，关注服务的最终结果：就是解决客人的问题，要求我们的服务不仅令人满意而且要有效。市场是残酷的，不关注服务结果可能会使我们失去客人，企业可能倒闭，您可能失业，这就是现实，虽然很不近人情，但却公平。

对于客人来讲，真正关注的焦点是结果，而不是过程。在客人的面前不应有更多的理由去为自己辩解，应立足于为客人解决问题，只有圆满地解决了问题，客人才会满意，有了这样的结果，才会使客人能耐心听您讲解解决过程，而客人满意就是对人员办事能力的赞赏。任何没有达到目的的结果，都至少会让客人心存遗憾。关注服务的最终结果，解决客人的问题。我们提供的服务不仅要让客人满意，而且要有效，有效的服务是真正解决客人问题的服务。

5. 关注客人的最后行动

客人是反复为您的服务支付货币，还是一去不回，这是对您服务效果的最好评价。很多时候，客人会出于礼貌等原因，将对您的服务的不满隐藏起来，甚至还会违心地表示一下赞美，如果仅仅关注客人的评价，那么您的服务应该是不错的，但是，许多违心的客人很难再次从行动上支持您。所以，我们不但要关注客人的评价，更需要关注客人的最后行动，即通过我们的服务是否提升了客人对我们的信任？

客人信任产生忠诚的客人。一项研究表明，争取一位新客人的成本比维持一位老客人的成本约多八倍，而且在成熟的竞争性强的市场中，我们争取到新客人的困难非常大；忠诚的客人会给服务带来许多好处。如他们可能再次或大量地购买产品或服务；向自己的亲朋好友和周围的人士主动推荐购买该产品或服务；选购同类产品或服务时，几乎没有选择其他品牌产品或服务的念头，自动拒绝其他品牌的诱惑；发现所购产品或服务存在某些缺陷时，能做到以谅解的心情主动反馈信息，求得解决，而非向媒体投诉或扩大事端。忠诚的客人不仅降低了留住客人的成本，而且为他们服务的成本比为新客人服务低得多，因为老客人比新客人更了解我们的服务。忠诚的客人对价格不像三心二意的客人那么敏感，并不十分在乎价格是否最低。结果，客人的忠诚直接为我们带来较高利润。由于客人的信任和我们经济效益的提高有助于改善我们的工作条件，提高员工满意度，员工归属感随之提高，进而可以提高工作效率，降低招聘和培训费用，减少员工流失损失，又进一步使成本降低，因此形成一种强化客人信任的良性循环效应。所以，我们最宝贵的资产不是产品或服务，而是客人。

只有让客人满意的服务才能够提升客人对我们的信任，可为什么同样的工作由不同员工来做，客人对服务的感受却差异巨大，客人的满意度差距却惊人呢？为什么同一个员工在不同的时刻提供的服务也有不同的效果？第一个问题，我们可以用员工素质来解释，第二个问题又该怎样来说明呢？

一直以来，我都试图找到一个科学合理的模型来归纳，服务企业提供的服务产品质量除去服务硬件以及管理软件等因素以外，直接影响员工个人提供的服务质量高低的因素究竟是什么？它们彼此之间的内在逻辑联系又是什么？

我想用下列模型来归纳影响员工服务质量高低、客人满意度高低的因素：

$Y=k_1 \times k_2 \times X$

Y：员工提供的服务产品质量

k_1：系数，指员工的责任心，数字从 0～1

k_2：系数，指员工开心的工作状态，数字从 0～1

X：员工的工作能力，它是影响服务质量的变量，数字从 0～100

这个模型告诉我们，员工提供服务产品质量的好坏，取决于员工的工作能力，但受制于员工本人的责任心和员工工作时候的开心状态。如果一个员工各方面的工作能力很强，责任心也足够，但当时当刻的状态不佳，开心系数不高，员工提供给客人的服务质量也很难让人满意。如果一个员工各方面的工作能力很强，当时当刻的状态很好，开心系数很高，但员工本人的责任心欠缺，那么员工同样也难以提供满意的服务；如果员工的责任心够强，时刻处于开心状态（没心没肺没烦恼），可员工的工作能力很差，错误百出，这样的服务客人能满意吗？

建立模型是为了更科学合理地解决困扰企业管理者的服务质量保障问题，是为了让企业提供的服务产品质量基本可控，不至于出现大的偏差。管理者从这个模型中可以初步推断，加强员工培训、提升员工素质、提高员工工作能力是提升服务质量的最基本要求。

员工责任心的建立，靠的是什么？用什么样的措施保障员工时刻或经常处于一种开心的工作状态，这是每一个服务企业管理者必须思考的问题。

只有让员工提供的服务质量基本稳定，客人才可能获得满意的服务产品，才可能对服务保持长期的信任。

20 世纪初，一位名叫塞费治（H. Gordon Selfridge）的伦敦商人为他在牛津街（Oxford Street）上的百货大楼选定了口号："客人总是对的。"多年以后，这句话风靡全球，出现在无数商店招牌和公司信笺上。它变成了企业使命、营销活动和行政总监们讲演的中心。

塞费治的箴言说的不只是制造亲善，也是创造利润。道理简单至极：满意的客人等于回头客，等于公司更多的利润。所以，关注客人的最后行动让我每讲完一次课时，不仅仅满足于客人对我的良好评价和赞美，同时注重我的课程能否为客人解决工作和生活中的困惑，能否给客人以震撼或触动，还满足于客人向其他的朋友推荐我的课程。应该说，完美的服务是在自己一次次的自省和客人不断的鼓励中建立起来的。

四、服务效益好

服务效益好包含两个方面的内容：一是社会效益好；二是服务的可持续发展。

社会效益好已经超越了单纯的客人评价好的范畴。它是整个社会的评价和赞美。由于您的服务，社会更和谐和美好，您的服务不仅仅满足了客人的需求，也弥补了社会在这方面的不足，整个社会因您而向完美迈进了一大步，如果这样的服务是社会欢迎和肯定的，那么您已经实现了服务效益好的一个方面。社会效益好还包括我们的服务让被服务者的体验更愉悦和美好，让被服务者喜爱我们的服务，依恋我们的服务，在接受服务的过程中，身心满足，这样的服务是阳光的、向上的，升华人的精神世界的。

“可持续发展”是近年来经济领域非常流行的一个词语。在各级政府的工作报告中，在专家学者的研究报告中，甚至在大学生的论文里，“可持续发展”出现的频率丝毫不亚于当红明星在追星族口中出现的频率。尽管它已经被用得很泛、很滥；但我还是在这里引用了它，因为它是衡量服务效益最准确的一个词语。在现实里，如果您认为您的服务效益好，而您又不能够实现“可持续发展”，那么您服务效益越好，您的企业及您的服务“短命”的可能性就越大，那您就应该认真反思，您的服务可能出了问题，而且是大问题。

一般情况下，对客人的欺骗会使您的服务没有“可持续发展”的可能性，对这方面的认识许多服务者已经具备，因此，他们欺骗客人的动机已经越来越小；但是，另一个问题却被大多数服务者忽略了，就是由于您对形势（客人、环境、客观条件、自身实力等）估计不足，某些时候尽管您主观上有良好的服务愿望，但客观上却让您的客人有上当受骗的感觉，这样的感觉如果是一次或两次，那么您还可以通过解释获得客人的谅解。但如果是经常性的行为，那后果是什么，您应该非常清楚。

曾经有一家酒楼在某年的教师节到来时，推出了一个新的服务，那就是全市教师凭工作证可以到该酒楼免费领取一只烤鸭。酒楼的本意是想通过这一服务实现社会效益和经济效益的双丰收，可是，该酒楼的经营者对教师的数量估计不足，酒楼的烤鸭准备不充分，致使绝大部分排了一整天队的老师没有领到他们期望的烤鸭，当时，酒楼门前一片混乱，事后，“上当”的教师的愤怒显而易见，这项服务不但没有实现预期的效益，还造成了非常恶劣的社会影响。

还比如，各大服务单位也推出了对教师的优惠活动，可据我所知，能够真正享受到优惠的教师并不多，这是为什么？是主观考虑不周还是客观条件不具备？是营销的一种“噱头”还是真诚的让利？各服务单位应该认真地分析，真正让这项服务实现社会效益和经济效益的双丰收。所以，我们在设计和提供每一个服务产品时，一定要考虑服务的“可持续发展”的问题。

说到服务的“可持续性发展”，有一个观念必须创新，那就是“优质服务”的观念。不知道从什么时候开始，“优质服务”被许多服务从业者作为理念来推崇，并应用在服务中。质量好与坏都是要付出“代价”的。坏的质量的代价是：由于我们服务不好，需要立即纠正并重新服务，这样，就增加了额外的服务成本。包括产品的原材料、员工的服务时间和服务提供的能源等。好的质量也是要支付“代价”的，这包括培训、事故预防计划所需支付的费用等。当然，好的质量也会给服务者带来许多收益，如：可以增加回头客、常客和好的“口碑”带来的客人，也可以减少或避免服务不好的损失，同时也可以节约广告费和其他代理佣金。任何一个服务标准必须与他的客人相对应，在“优质服务”的引领下，我们的服务标准是越来越高，服务成本也越来越大，可我们客人的满意度却没有越来越好。不考虑服务对象的特点和需求而谈“优质服务”，这样的服务很难让客人满意，“优质服务”的提法从根本上来说是不科学的。所以，一直以来，我主张以“满意服务”取代“优质服务”，因为任何一项优质的服务一定是高成本的服务（什么是优质，没有标准，因此，很多服务者和客人都简单地认为越高标准就越优质），而高成本的服务，客人还不一定满意，这怎能实现“可持续发展”？所以，要实现服务效益好和服务的可持续发展，我们的服务应该是以客人的要求为标准，以达到或超越客人的要求为目的的“满意服务”。关于“满意服务”将在第六章作进一步的说明。

单纯地、精益求精地为客人服务，有时并不能带来想象中的滚滚利润。关键是要在合适的成本水平上，提供令客人称道的服务。在客人服务方面，同样存在着效益递减的现象。所以在设计客人服务时，需要时刻牢记成本 / 效益分析的原理。道理再简单不过，在任何服务项目的背后，都隐含着企业的投入。满意的客人能为您带来收益，但同时首先需要您的付出。

小结

◎ 客人是我们的衣食父母，服务好我们的父母是天经地义的“孝”道。

◎ 服务技术好的前提是我们的服务流程不仅要规范、合理、科学，更要让客人感觉方便和舒适，也就是要体现人性化的服务。

◎ 缩短客人的等待时间是服务者让客人满意的基本要求。让客人等待时，一定要特别留心怎样减轻客人“精神上的等待时间”。

◎ 木桶原理一：一只木桶能够盛的水量取决于木桶中最短的一块木片，而不是最长的一块。服务质量的好坏取决于您服务技术最弱的部分，即您的弱项，而非强项。

◎ 木桶原理二：一只木桶能够装多少水不仅取决于每一块木片的长度，还取决于木片与木片间的结合是否紧密。

◎ 有效的沟通是通往卓越服务的第一步。

◎ 沟通从心开始！

◎ 有效的沟通需要对等的大平台。

◎ 倾听技巧在服务沟通中可能比其他技巧显得更重要。

◎ 生活中许多的矛盾来源于矛盾双方的误会，而产生误会的多数原因是双方的信息沟通不畅。同样，客人的不满许多也来源于误会。消除误会的唯一且正确的方法就是及时向您的客人传递他们想知道的信息真相。

◎ 关注服务中的细节：提供细心、细致、细微的服务。

◎ 阻碍企业和个人进步的事往往是容易被忽略的小事。越是专业人士，越是有成就的人越懂得关注细节。也正是那些细节造成了最终结果的不同——细节决定成败！

◎ 关注服务的最终结果：解决客人的问题。使我们的服务不仅使人满意而且有效。

◎ 关注客人的最后行动：客人是反复为您的服务支付货币，还是一去不回，这是对您服务效果的最好评价。

◎ 完美的服务是在自己一次次的自省和客人不断的鼓励中建立起来的。

◎ $Y=K_1\times K_2\times K$

Y：员工提供的服务产品质量

K_1：系数，指员工的责任心，数字从 0～1

K_2：系数，指员工开心的工作状态，数字从 0～1

X：员工的工作能力，它是影响服务质量的变量，数字从 0～100

◎ 社会效益好已经超越了单纯的客人评价好的范畴。它是整个社会的评价和赞美。

◎ 单纯地、精益求精地为客人服务，有时并不能带来想象中的滚滚利润。关键是要在合适的成本水平上，提供令客人称道的服务。

第五章

不

不：用在动词、形容词和其他副词前面表示否定；单用，做否定性的回答。在服务中，人们一般对“不”是反感和否定的。但是，我想从以下几个方面探讨“不”在服务中的正确运用。

一、不抱怨客观：接受服务对象、接受服务环境

我们经常可以见到一些不停埋怨的人，“真不幸，今天的天气怎么这样不好”“今天真倒霉，碰见一个乞丐”“真惨啊，丢了钱包，自行车又坏了”“唉，股票又被套上了”……这个世界对他们来说，永远没有快乐的事情，高兴的事被抛在了脑后，不顺心的事却总挂在嘴边。每时每刻，他们都有许多不开心的事，把自己搞得很烦躁，把别人搞得很不安。

其实，他们所抱怨的事大多是日常生活中经常发生的一些小事情，只是明智的人一笑置之，因为有些事情是不可避免的，有些事情是无力改变的，有些事情是无法预测的。能补救的需要尽力去挽回，无法转变的只能坦然受之，最重要的是要做好目前应该做的事情。

1. 接受现实

抱怨除了增加烦恼，不能解决任何实际问题。也许您会说："不，我不想安于这样的工作，否则我可能一辈子都要为别人服务了，我宁可抱怨、郁闷、对客人发脾气，这样，我的怨气就会催我上进，或者另谋高就，只要不在这儿，在哪里都行"。但问题是，事情通常不会按照您的意志发展，您也许将注定在这里干下去。我常常告诉我的学生们一句话：走错的都是路！我希望他们永远将这句话铭记在心，世界上没有错路，只有您一直在抱怨而没有细心欣赏路边风景的好路。您是否注意到，习惯抱怨的人到哪里都会抱怨，哪怕他已经得到了世界上最好的工作，娶上了世界上的第一美女，他还是会抱怨。所以，如果您对目前的工作真的不满意，那去换一个工作，但不要抱怨，不要跟自己和您的工作、客人过不去。如果您没有条件改变现状，那请您换个角度去享受它，而不是被动无奈地适应它，享受是快乐的、没有抱怨的，适应是痛苦的，所以我希望您能够去享受它。改变不了事情，那就改变我们的心态，但请记住千万别抱怨！

> 三个砌墙工人在砌墙。有人问其中一个工人："你在做什么？"这个工人没好气地说："没看见吗？我在砌墙！"
>
> 这个人转身问第二个人："你在做什么？"第二个人说："我在建一栋漂亮的大楼！"
>
> 他又问第三个人，第三个人嘴里哼着小调，欢快地

说 :“我在建一座美丽的城市! ”

三个工人，三种心态，三类人生，您愿意是哪一个呢?

假设您的工作无聊透顶，工资寥寥无几，同事关系冷漠甚至如同路人，您每天必须工作11个小时，老板不喜欢您，没人叫您共进午餐，客人的要求没完没了……总之，烦心事情说也说不完。

那么，首先恭喜您有一份工作! 在这个还有贫困和饥饿的世界上，有工作可是件值得高兴的事。再次恭喜您身体健康! 在这个还有战争和瘟疫的世界上，没有疾病是许多人的奢望。您还痛恨工作吗? 您还抱怨生活吗? 在我们还能够健康地工作的时候，尽情地、疯狂地工作吧，但千万不要抱怨。

2. 不要把自己抱怨和不开心的情绪传递给他人

听说过一个故事吗?

公司的老板针对员工上班迟到下了一个命令，以后谁迟到就扣谁的奖金，可是偏偏在这一命令生效的第一天，老板在上班路途中为了赶时间，连闯了几个红灯而被扣住了，不仅挨了罚，而且自己上班也迟到了。一肚子无明火不知道向谁发，又不好意思说。来到办公室以后，主管向他请示问题，这时老板将一肚子的无明火朝主管发泄，把这个主管训了一通，主管被骂得一头雾水。老板把恶劣情绪传染给了主管，主管带着一肚子无明火回到部门，一进门，秘书来了，向他请示问题，主管把秘书当作了出气筒。秘书不知道为什么挨了一顿骂，把一股恶劣的情绪带回了家，这时她儿子扑到她怀里，一边喊着妈妈一边撒娇，秘书把儿子往旁边一推，责骂她儿子。儿子受了委屈，只能向更弱者发火，正好，这时猫在小孩边上撒娇，小孩顺势踢了它一脚，可怜的小猫就成了这一系列无明火的受害者。

这就是著名的心理学上的踢猫效应，按照这一效应，服务人员的抱怨和不开心会引起一系列不开心的情绪传递，最后，谁会成为承受这一恶劣情绪的小猫呢？我们的客人！客人将得到不开心的服务，这样的服务将是不满意的服务。所以，服务的您要学会克制您的情绪，不抱怨。抱怨是一天，开心也是一天，何不开开心心地过每一天。多数人认为快乐是一种奢望，我们要么不再想它，要么努力地追求。其实快乐就在您身边。

爱抱怨的情绪常产生在斤斤计较、唯利是图的成长环境里。在这样的环境里成长起来的人，生活里所见所闻的是计较、算计，以及算计不到时的不满和怨恨。长时间的耳濡目染，使他的快乐建立在每日小算计的成功之中，不满和怨恨是生活的主旋律，抱怨渐渐成为了他必不可少的生活习惯。

如果在心中培植感恩，则可以沉淀许多的浮躁、不安，消融许多的不满与不幸。只有心怀感恩，抛弃抱怨的习惯，才会生活得更加美好。所以，我们要接受服务对象，不论客人是谁，不论客人的素质如何，我们都应积极、热情、主动地去接近客人、亲和友善地接受客人，不能怠慢、冷落客人，更不能挑剔、排斥服务对象。这不仅体现在思想上，更应该体现在实际行动上。

我们没有任何权利去评价客人的基本素质，更不可不知分寸地在客人面前对其他客人评头品足。不论客人的行为多么过分，只要他的行为还没有违反相关的法律。换句话说，只要还没有被确定为犯罪嫌疑人，被相关的执法机构逮捕，那么他依然是我们的客人，我们必须接受他并尽量提升我们的服务技巧，让他满意。

经常性的抱怨是一种病，衷心希望每一位朋友远离这样的疾病，让健康、快乐的生活永远伴随着您！

3. 开心工作、快乐工作

企业所有的让客人满意的产品或者服务措施都是通过人这个要素来传递的，也就是说员工的行为表现直接影响到客人的满意度，影响到服务质量的好坏。如果我们只片面强调员工对客人的服务，而却没有为员工提供好的服务资源，没有开导员工的工作状态，我们将很难有高质量的服务，客人满意将成为一句口号。

怎样让员工保持开心的状态，是我们管理者必须思考的课题。

（1）有目标的忙碌是开心的

许多人有一个共同感受，我们不怕忙和累，就怕瞎忙，忙了半天不知道忙什么？为什么？这样的问题反映出的是企业高层目标不明、思路混乱。如果企业高层没有自己的目标，或者是目标短浅，那么员工在整个瞎忙的过程中将越来越没有开心的感觉。

我们不能让员工瞎忙（解决企业目标的问题），更不能让员工穷忙（解决员工精神和物质追求的问题）。所以，企业高层必须有不变的企业目标和清晰的经营管理思路，还要了解员工的个人目标，让企业目标被员工熟知并且纳入员工个人规划中，实现上下同欲，从而解决瞎忙和穷忙的问题，让员工真正地开心起来。

（2）有指导的工作是开心的

许多员工初涉一个职场的时候，如果企业培训不到位，工作中又没有得到有效的指导，屡屡受挫的员工工作积极性就会受到严重打击，工作时候的状态就很难放开，开心工作就几乎不可能。所以，管理者不光要自己熟悉业务，有非常强的专业知识，更重要的是要能与员工分享这些知识，指导员工开展工作，让员工尽快熟悉业务。让员工快速成长是管理者的重要职责之一。

（3）有鼓励的时候是开心的

我是成长在一个否定多过鼓励的环境里，所以对鼓励与批评或者否定的心理感受非常强烈，当然也养成了自我鼓励、自找开心的生存模式。但是，我现在不希望我们的员工要通过自我的调节来让自己开心地工作。调节是必要的，但不是必需的，更不是常态的。管理者要营造一个互相欣赏、互相鼓励、共同成长、共赢的局面。及时地鼓励员工的付出，准确地评价员工的能力，欣赏员工的优点等等，这些精神上的鼓励是让人开心工作的重要源泉。

（4）感觉公平的时候是开心的

公平指公正，不偏不倚，是指所有的参与者（人或者团体）的各项属性（包括投入、获得等）平均。公为公正、合理，能获得广泛的支持；平指平等、平均。由于人之差异没有绝对的公平，只有相对的公平，可遇到不道德之处一定要严格消灭，这也是一种理想的终极目标。现代社会和道德提倡公平，公平也是各项竞技活动开展的基础，可真正意义上的公平是不存在的。

公平是承认差距的，它也强调差距存在的客观性与合理性。如果某个或者某些方面的某种状态的相对差距为零，那么这不是公平，而是平均。

所以，管理者要尽可能提供一个公平的环境而不是平均主义的“天堂”。要建立多劳多得、少劳少得的社会主义分配法则。在制度上要奖勤罚懒，鼓励大家用心付出，开心服务，使客人满意。

（5）有支持的时候是开心的

员工在工作的时候，不可能永远保持高昂的斗志，由于客观环境或者主观能力上的原因，常有力不从心、茫然无助的时候。此时的管理者如果能够及时地给予资源或者技能上的强力支持，员工的快乐指数将会大幅度提升。管理者为员工做好服务并支持员工去为我们的客人提供服务保障，这是服务企业内部通畅服务流程的一个最大流程。

（6）有归属感的日子是开心和踏实的

在北京工作的外地人都有一个共同的体会，那就是“北漂”的感觉真的很难受，“漂”这个字很好地诠释了那份无根、无助下的无奈。这是我工作的地方，可我的家在远方那个称作故乡的地方；这是我生活的场所，可那份情感却像空中的游魂没有寄托的方向，家在哪里？心灵的落脚点在哪里？有家的地方才有温暖，有家的地方才有放松后的开怀。

企业为员工打造一份家的温馨，让员工在这里找到主人翁的责任感，家的温暖足以让员工抵御工作中的严寒。

员工开心，才能不抱怨地工作；不抱怨的员工才能让客人满意；只有客人满意，企业才能够有长远的发展。

二、不与客人争对错

经常听到从事服务工作的员工抱怨一句话：他是人，我也是人。他有自尊，我也有尊严。凭什么他永远是对的呢？更有甚者，有的员工与客人对吵、对骂，甚至对打，丝毫没有觉得自己的行为有何不妥，对于旁人的劝解或者领导的批评，总是一副委屈的模样。

委屈吗？委屈，怎么有这样不讲理的客人？客人呢？难受吗？愤怒吗？难受，愤怒，怎么有这样的服务人员？还说不得了。

公说公有理，婆说婆有理，究竟谁有更大的不妥呢？

我们常说“人生如戏，戏如人生”，这样的话绝不是要我们游戏人生，而是告诉我们，人生由一个个情景戏组成，在每一个情景中，我们分别扮演不同的人生角色，最出色的演员是，每一个角色都那么到位和精彩；最蹩脚的演员将人生的许多角色演“砸”，演绎得不伦不类。

作为自然人，每一个人都是平等的，每一个人都可以尽最大努力维护自己的尊严，绝不容许损害自己尊严的事情发生，“以牙还牙”在这样的基础上没有什么不妥，甚至是完全正确的。但是，作为角色扮演的社会人，单纯地理解平等就值得商榷，就有很大的问题。我们知道，在家庭中有父母与孩子，如果父母教育孩子的时候发生言语或者行为上的过激，作为孩子的人是不是也要与父母针锋相对呢？是不是认为我们都是“平等”的就可以对父母也说同样言语或者行为过激呢？如果这样做了的孩子，我们通常会用一句“不孝之子”加以评价，而绝不会去讨伐父母的态度，再去追究父母的问题。

所以，作为社会人，我们有许多角色扮演的要求，在每一个情景剧中，只有按照这个情景对角色的要求去“演出”，而忘记自己的本色，暂时放弃“自我”，用心地演绎好角色对我们的要求，这样的“演员”才有可能成为“明星”，成为“明星”后的“演员”才有资格与“导演”“讨价还价”，才有条件去选择自己想“演”的角色。成为“明星”后的“演员”也才有越来越多的出场机会。

用心演好自己的角色，这样的工作才更有成就感，这样的人生也才可能精彩。服务人员的角色扮演就是要让客人开心、满意并持续支持您的服务，如果您的演出没有达到这样的目的，坦白地说，您就不是一个好“演员”，久而久之将没有舞台让您“出演”。

用心演好人生的角色，还要求我们一定要明白每一个场景中的角色要求，千万不要出现角色串位。工作时候，按照岗位职责用心出演。回家之后，努力扮演好自己作为父亲、母亲、老公、妻子或者儿女的角色，把职场中的身份暂时忘掉。工作的时候投入，生活的时候尽情，忘我工作，享受人生，这就是用心演好角色的体现。

按照服务岗位角色扮演的要求，客人永远是对的！

规则一：客人总是对的。

规则二：如果客人错了，请参照规则一。

许多服务人员对“客人总是对的”这句话总想不通。“哪有这回事？谁能一贯正确？谁能总是对的？”“既然客人总是对的，那我们呢？我们总是错的？”“干了服务业就没有对的时候了，岂不是不讲道理了吗？”我在每一次服务业培训讲到“客人总是对的”的时候都会遭到这样的质问，然后，我总要再花更多的精力和时间来解释为什么“客人总是对的”。

1. 服务的本质：服从

对客人的服从是服务的本质！服从概念是从两人或双方之间的关系中产生的。其中，一人（方）为指示者，他提出从事某活动的要求；另一人（方）为服从者，他则是去执行该活动的要求。把这一概念引进服务工作中，那就是不管客人叫我们做什么，只要客人的要求不违反法律、不违背社会公共道德以及不涉及安全问题，我们都必须表现出服从。乐于被客人“使唤”，并照做不误，这就是服务中的服从。服从的人必须暂时放弃个人的独立自主，全心全意去遵从另一方的价值观念。

服从，在西点人的观念中是一种美德。西点人认为，军人职业必须以服从为第一要义，学不会服从观念，就不能在军队中立足。

服从，是服务业员工的天职，所谓“有理是训练，无理是磨炼”，无理面前都能接受，有理面前怎么会不服从呢？

服从，是一种社会秩序的建立，是一种伦理道德的展现。

2. 准确的角色定位

准确的角色定位：服务人员永远不可能与客人“平等”！

为了提高服务水平，我们的员工应提高自己的角色认知能力。这里的角色指的是某个人在某个场合中的身份。角色定位指的是一个人在工作过程中必须准确地定位好自己在工作过程中需要扮演的角色。角色认知是指每个员工在服务这个大舞台上，都在充当一定的角色，员工是什么角色就唱什么调，绝不能反串，还包括在认识到这一点后，根据社会对自己所扮演角色的常规要求、限制和看法，对自己的行为进行适当的自我约束。

如果我们没有明确自己的角色，总认为客人是人，我们也是人，那我们就有可能去与客人争对错。在服务与被服务的关系中，我们扮演着服务者的角色，这一角色的主要任务是让我们的客人满意，所以，我们要努力演好自己的角色，一旦客人不满意了，那我们的角色就串位了。

也就是说，实际上，在对客人服务的时候，服务的提供者永远不可能与客人“平等”，这样的不平等被服务大师定义为“合理的”

不平等。因为客人是付钱的消费者，而我们是收钱的服务者。客人支付费用购买我们的产品，而这产品包括两个方面的内容：一是实物产品，一是无形的产品——服务，客人购买服务的目的是要开心。

3. 正确的服从理念：客人永远是对的！

“客人永远是对的”这句话并不是对客观存在的事实所做出的判断，它只是对服务人员应该如何去为客人服务提出了一种要求，提出了一个口号。它是民航业对服务的理解，是一种精神，意思是要把“对”让给客人，即把“面子”留给客人，但不一定客人事实上都是对的。

具体体现在以下四个方面：

（1）要充分理解客人的需求：对于客人提出超越服务范围但又是正当的需求，这并不是客人的过分，而是我们服务产品的不足，所以我们应该尽量将其作为特殊服务予以满足。如果确实难以满足，必须向客人表示歉意，取得客人的谅解。

（2）要充分理解客人的想法和心态：对于客人在外受气而迁怒于我们，或因身体、情绪等原因而大发雷霆，对此出格的态度和要求，我们应该给予理解，并以更优的服务去感化客人。

（3）要充分理解客人的误会：由于文化、知识、地位等差异，客人对我们的服务不甚理解而提出种种意见，或拒绝合作，我们必须向客人做出真诚的解释，并力求给客人以满意的答复。

（4）要充分理解客人的过错：由于种种原因，有些客人有意找碴儿，或强词夺理，我们必须秉承“客人总是对的”的原则，把理让给客人，给客人以面子。

“客人永远是对的”体现了服从的服务思想；把“面子”留给客人，这是对“客人永远是对的”的最佳注释；不要指责客人，对客人的指责已经从根本上否定了服务；不要试图通过教育客人的方式去改变客人，心理学家告诉我们：人永远不会被改变，只有产生了主动改变的欲望时，人才会自觉改变。所以，改变客人的最好方式是服务感化。

“客人总是对的”是商业饭店之父斯塔特勒先生的格言。如何理解客人的“对”，又如何处理客人的“对”？这是服务中的一个核心问题。

必须说清楚，事实上，客人并不总是对的。“客人总是对的”这句话并不是对事实所作的一个判断，它只是一个口号，一个为了实现满意服务而提出的口号。

为什么要提出这样一个口号呢？理由很简单。

首先，因为客人希望自己“总是对的”，不希望自己“有时候是对的，有时候是错的”，所以，服务应该满足他们的心愿，让他们“对的时候是对的，不对的时候还是对的”。

其次，不要忘了客人是来花钱买您的服务，也就是享受服务的，不是来开展“批评和自我批评”和“接受再教育的”。“认错”对于客人来说绝不是一件愉快的事。而我们服务的目的就是要让客人高高兴兴地来，高高兴兴地走，自始至终不要发生任何不愉快的事。

一定有人要问：这岂不是“是非不分”了吗？我们说，“是非”有两种，一种是“小是小非”，一种是“大是大非”。服务中遇到的“小是小非”问题，即使服务人员是“对的”，客人是“不对的”，服务人员也应该把客人的“不对”接过来，把自己的“对”让出去。就算弄清了“谁是谁非”，您还得按照客人的要求去为他服务，而且还要服务到客人满意为止。您又何必为了一点点小事去和客人斤斤计较，惹得客人不高兴呢？如果您能够将“对”让给客人，其结果将是客人“对”了，您也“对了”。客人对了，您也对了，这就实现了经济学上的双赢。

“客人总是对的”要求您必须遵守三条原则：一是应该站在客人的角度考虑问题，使客人满意并成为可靠的回头客；二是不应把对服务有意见的客人看成故意挑剔的客人，应设法消除对他们的不满，获得他们的好感；三是应该牢记，同客人发生任何争吵或争论，您绝对不会是胜利者，因为您会失去客人，也就意味着失去利润。

1996 年夏，一位俄罗斯小姐住进了南戴河度假村。一天晚饭后，这位小姐准备参加一个舞会。她回到自己住的房间开始化妆，涂上口红后，她感到口红的颜色太浓了，她想擦掉再重新涂。她坐在床上，顺手拉起白色床单的一角，浓浓的口红印，清晰地印在白色的床单上。化妆完毕，俄罗斯小姐满意地离开了房间，去参加舞会了。

第二天，负责清理这间客房的是度假村的服务员小孟，清理房间时，她发现了床单上的口红印。小孟很客气地对客人说："对不起小姐，您把床单弄脏了，我们饭店规定，您需折价赔偿。"俄罗斯小姐听后立刻火冒三丈，生气地说："我只不过是用床单擦了擦嘴角，并没有把床单弄破，为什么赔偿。"服务员小孟回答说："对不起，这是饭店规定。"俄罗斯小姐气愤地跟着小孟去找领班评理，领班问明情况后，安慰客人先回房休息。

这时，正在本楼层值台的实习生是石家庄旅游外事职业学校的小刘，目睹了发生在眼前的一切，主动地走上前去，微笑地对正在生气的俄罗斯小姐说："这件事我来帮您解决，您先安心休息吧！"并顺手接过床单。小刘下夜班回去后，迅速把床单清洗干净。第二天，小刘把干干净净的床单送回客人的房间，俄罗斯小姐接过床单，跷起大拇指说："谢谢，您的服务太出色了！"

在这个故事中，首先，值得学习的是小刘热情、主动的服务意识，主动利用业余时间把客人的床单洗干净，这正是"客人永远是对的"这一原则的具体体现。事实上，本例确实是错在客人，但实习生仍坚持这一原则。

其次，是她灵活的应变能力。她不是简单地把"对"让给客人，而是用自己的努力，洗净被客人弄脏的床单，通过她的劳动把客人的“错”消除了，把“错”转变成“对”。她使客人由愤怒转为喜悦，由不满意到满意。这种灵活机敏的应变能力，是酒店服务员应具备的基本素质。实习生小刘出色的服务精神值得称赞。

客人对了，我们就对了。如果客人错了，不开心的客人会损害我们的形象，我们就彻底错了。

4. 辩证地看待“客人总是对的”与“员工第一”

“员工第一”从根本上来说是企业管理的出发点，是培育“快乐”员工的基础。只有“快乐员工”才能够提供快乐的服务，那种含着热泪微笑、憋着委屈的服务可能会减少客人的某些不满，但却很难真正让客人快乐。“快乐员工”与“客人快乐”在形式上“快乐员工”是因，“客人快乐”是果；但在实质上却互为因果，有了“快乐员工”才会有“客人快乐”，而“客人快乐”会让员工更具有自豪感和成就感，员工才可能真正地“快乐”。

在探讨“快乐员工”与“客人快乐”的辩证关系时，有一个理念必须被提到，那就是“客人永远是对的”的服务理念，这不是过时的老生常谈，这应该是提供服务的人永远要牢记心中的真理。

必须再次强调，“客人总是对的”这句话并不是对事实所作的一个判断，它只是一个口号，一个为了实现满意服务而提出的口号。

所以，在实现“客人总是对的”这一服务理念的同时，“员工第一”的思想也必须在企业管理中得到充分体现。

诚然，没有客人的存在也就没有服务的存在。但从另一方面来说，服务客人的员工是与客人直接接触的，是向客人传递价值的关键。要想让客人感到满意、得到尊重，我们必须首先让自己的员工感到满意、得到尊重；要想让客人得到真诚完美的服务，我们必须首先为自己的员工提供真诚而完美的服务；要想为客人提供一流品质的产品，我们必须首先将自己员工的素质塑造到一流。事实上，对服务企业来说，员工也是客人，是服务的“内部客人”。从这个角度来说，“员工第一”理念的提出，非但没有否定与弱化“客人总是对的”，反而是对“客人总是对的”的一种更深层次的理解，它准确地丰富和发展了“客人总是对的”的内涵，使之更具有现代意味。从这个角度理解：“客人总是对的”与“员工第一”是同一、统一、互不矛盾的；“快乐员工”与“客人快乐”更是同一、统一、互不矛盾的。

三、不轻易承诺

由于承诺涉及诚实方面的问题，所以您在做每一个承诺之前都应该三思，同时，非常重要的一点是，这样的服务承诺会让客人对您的期望值升高，服务承诺是形成客人对服务期望的一个关键因素。服务机构通过广告、宣传、推销、公共关系活动等沟通方式向客人公开提出的承诺，直接影响着客人对服务的期望。例如，事实上，客运公司提出的服务承诺会变成许多乘客对客运服务的正常期望。因此，服务承诺可以用来引导、控制和调节客人的服务期望。当客人对服务机构的兴趣不大和期望不高时，服务机构可以增加承诺的内容和力度，以此增强客人对自己的兴趣和提高客人对服务的期望。当服务机构认为客人对自己期望过高且会由此带来不利影响时，那就要减少甚至取消服务承诺的内容和力度，以此调低顾客对服务的期望。

当然，服务承诺有利于减少客人感知伴随购买行为及享用服务的各种风险的机会。由于服务的无形性，客人通常要承担较大的认知风险，而服务承诺是对服务效果的一种“有形”的预示（对服务效果的描述）和保证（如赔偿金额）。服务承诺可以起到一种保险作用，因而可以降低客人由于各种不同认知风险而产生的心理压力，增强服务对客人而言的可靠感、安全感，或者说，增强服务的可靠性质量和保证性质量，从而促进服务营销。例如，美容服务的一个最大问题是安全可靠问题。在 20 世纪 90 年代，全国发生的美容事故约 20 万起。为此，专家呼吁美容业应实行承诺制，即要在律师事务所的确认下，与客人签订美容服务责任书，以确保美容服务的安全性、无后遗症等。可见，安全性、可靠性越重要的服务业，越需要服务承诺。

服务承诺有利于服务机构树立客人导向的服务理念。服务承诺要对客人有吸引力，就要使承诺的内容（服务质量标准）是客人最关心的，这就促使服务机构关注客人和深入了解客人对服务的各种期望和要求，树立满足客人期望和要求的客人导向的服务理念。如英国航空公司在制订服务承诺的过程中，专门对旅客作了调查，了解他们对航空服务的要求和公司服务的薄弱环节，从而找到改进服务的关键，使服务承诺的内容能够针对旅客的要求和期望。

在对客人承诺（服务承诺）更高的服务质量（服务标准）之前，最基本的一点是做一次全面调查，包括承诺所采用的体制和资源，评估达到这个标准所需的设施水平。客人喜欢您能打破常规，为他们提供额外服务，但是这种额外服务的成本和效果都是需要您仔细思量的。

您现在能够做到什么程度，您的承诺就一定不要超过您的能力范围，所以您的承诺应该是适度和可行的，而不是海市蜃楼，让客人永远不可及。我不仅仅主张承诺要适度，在许多地方，我反复强调我们的服务承诺还应该晚，而不是早。这是一个服务技巧的问题，这个技巧还涉及心理学的一些理论，人越容易或轻易得到的东西，人们越是轻看它；如果人们经过努力而争取到的东西，人们心理上将会有极大的成就感和满足感，因此，也会倍加珍惜和重视。当您的承诺不是太早，而是适时地出现时，客人获得的快乐和喜悦将会大大增加。最后，我希望您的服务承诺一定要兑现，不管有多么艰难，一旦作出就要坚决地兑现它。信守承诺，是对客服务中最基本和最重要的要素。如果您答应客人却做不到的话，就会使客人不满意。所以，我建议少承诺、多做事，这是您能够给予客人的最好信用。

某些时候，当我们的服务与客人的期望或要求有一定差距时，我们很少去分析或思考客人提出这些要求的初衷和目的，普遍采用的两种做法是：一是忽略客人，不予理睬，任您意见不停，我自岿然不动，一副牛气冲冲的样。二是不作任何调查和了解，也不作更多的沟通和协调（其实，很多时候是沟通的问题），抱息事宁人的态度匆忙承诺，将眼前的事情应付过去，至于事后能否实现承诺或能实现多少，根本不去考虑。第一种方式的一种结果可能是，客人不想麻烦，不与您计较，所以放弃与您理论，同时也放弃您以后的所有服务，您永远失去了这部分客人和客人身后的客人；另一种结果是客人也不示弱，愤怒于您这种冷漠的态度，非要您给说法，事情很可能演变成危机。第二种方式的结果可能是在您不能兑现承诺时，客人有强烈的被欺骗的感觉，被欺骗后的客人将是具有“毁灭性”的。所以，当客人的要求与我们的服务有相当的距离时，我们应该先安抚客人的情绪，然后去找出原因，再寻求解决的方法，而不是匆忙去承诺。

兑现承诺还涉及另外一个问题，就是承诺后的协调问题。我曾经历了这样一件不愉快的事情：那是 2004 年的某一个寒冷的日子，我乘坐某航空公司的飞机从家乡回到北京，飞机平安起飞一小时后，机上广播飞机有机械故障，要备降太原机场，在太原机场我们足足待了 5 个小时。在这 5 个小时里，除机场提供了一餐简单的晚餐、两罐水以外，航空公司和机场就把我们“晾”在了冰冷的候机大厅里（可能我们的航空公司和机场当局在这几个小时里，一直在积极为我们这些客人奔忙，对他们而言，这几个小时可能比我们客人更辛苦、更操劳。遗憾的是，这一切的付出，客人并不知道，因此，就更不可能领情）。我目睹了客人情绪的变化过程，漫长的没有任何信息说明的等待时间让最初安静的客人开始缺乏耐心，逐渐产生的骚动引发了大规模的愤怒。带着抵触情绪的客人最后在首都机场拒绝下机，而该航班乘务长的一句不得体的“这不是我们的责任”的说法和机长的无知加剧了客人的不满。地勤服务人员上机后为尽快息事宁人，匆忙做了一系列承诺，其中有一项最简单的承诺，那就是提供机场到市区的免费大巴服务。问题就出在这项最简单的承诺上，当情绪刚有点平静的客人在机场外要乘坐大巴时，外面的工作人员说“我们没有承诺这一点”，并还振振有词地说：“我已经与机上人员联系了，没有这个承诺，不就是一张十几元的票吗？飞机都能坐，还在乎这十几元？”客人于是彻底被激怒了！

我希望我们在做服务承诺的时候要认真地掂量这样几个问题，第一，我们的承诺是否有助于提升客人对服务的满意度？第二，我们的承诺是否能够解决现在服务所面临的问题？如果能，还得想想，承诺是唯一和最好的解决问题的方法吗？第三，兑现我们的承诺有多大难度？如果不能够兑现或不能够完全兑现承诺，后果是什么？第四，我们承诺后是否会马上产生新的、更复杂的问题？如果缓一点呢？情况又会怎样？所以明智的做法就是不要轻易承诺，更不要过早承诺，也不要承诺过度。先把前面的四个问题想清楚后再考虑承诺，这样的承诺才能够实现服务的目的——客人满意。

四、不过度反应

1. 以“适度”服务取代“殷勤”服务

在我的服务素质问卷中有这样一道题：客人是“舞台的中心人物”这个说法是应该“反对”还是“同意”。有人问我，怎么要强烈反对呢？应该同意呀！我说，必须强烈反对，如果同意那就大错特错了。“客人是对的”，在这一理念下，我们为客人提供的服务应该让客人感到“宾至如归”，而不应该是在舞台中心。客人享受的满意服务应该是温馨、安心和舒心的服务。在舞台中心的客人会感受到服务的热情和隆重，但却没有了服务的温馨、安心和舒心，让客人很不自在的服务很难让客人满意。如果您对此还有怀疑的话，您不妨站在舞台中心试一试，然后告诉我，您的感觉怎样，自在吗？在生活中许多人常常有这样的体会，当服务人员过于殷勤地对您服务时，您通常感到别扭，非常不舒服，当人们极度不舒服时，通常会拒绝您的服务，然后逃之夭夭。这是为什么呢？因为按照中国的传统观念，太殷勤肯定“非奸即诈”，人们对您的过分殷勤感到不解，在这种不解中，由于怕上当心理的存在，而自己又没有能力区分或者把握是否会受骗上当，因此，为了将来不后悔，当下就会拒绝您的好意。所以，我们的服务应该适度，太殷勤会让客人无所适从，甚至可能吓跑我们的客人。

很多时候客人需要清静，需要一些私人空间或者说是需要一个合适的环境。他们不喜欢被人打扰，更不喜欢多余的“殷勤”的服务。有一位朋友讲了这样一个故事：

> 曾经，我和一位外国朋友在一家菜馆用餐，刚一落座便围上来五六个穿着各种闪光面料服装的啤酒促销小姐，个个甜美可人。但她们为了抢夺有利地形，争先恐后地介绍啤酒，却将我的外国朋友挤得差点跌倒，皮鞋也被小姐们踩了个花脸。
>
> 这样的“服务”只考虑自身的利益，根本不管客人的感受，实在是让人难以接受和恭维。和朋友一块儿吃饭本来是件轻松愉快的事，但面对五六个促销不成功绝不罢休的“围攻者”，让我们一点兴致都没有了。朋友告诉我说，这种啤酒促销简直就是一种骚扰，让人觉得很不安，在国外饭店里根本没有这种情况。

这个故事告诉我们：过于“殷勤”的服务会扫了客人享受服务的心情。对客人而言，服务已经演变为对客人的打扰。

2. 服务者与被服务者保持适当的空间距离

> 有一次，我当年的一个学生请我小聚，多年不见的师生希望一边用餐，一边聊聊学生近几年的情况。然而，餐厅服务人员几近贴身的服务让我们没法畅快地聊天，更恶劣的是，自以为是的服务小姐还时不时插进或打断我们的交谈。起初，我耐着性子客气地请她离我们身后远一点，她不予理睬我的建议，然后，我只好请她离开，需要服务再叫她，她离开了一会儿，马上又回来紧贴我后背而站，说是老板要求他们这样为客人服务，否则，她将被老板处罚。可想而知，我们在她的监督下是如何艰难地用完了这糟糕的一餐。
>
> 后来，我再也没有去过这家酒楼。但学生告诉我，该酒楼在我们那次去后不久就关门大吉了。我想，到现在为止，那老板或许都还没有彻底明白，为什么他们那么殷勤的服务，客人却不认可，落得关门的下场。

社会学家研究表明，人类都有自己的“个人空间”，当人们可能有向周围扩张自己领地的企图时，人们的行为好像是被“幻想空间”

或个人空间感所包围，这就是人们准备接触他人的距离。这些“幻想空间”或距离可以分为四种类型：

亲密距离：近状态，这种状态存在于爱情、亲密的友情、儿童拥抱父母或儿童相互拥抱中。远状态（远到 0.5 米），仍可以近到握住手，但没有亲近关系的人不接受这一距离。

私人距离：近状态（0.5～0.75 米），这种距离只适合于普通的朋友。远状态（0.75～1.25 米），身体控制范围的极限。除了关系亲近需要进行私下谈话之外，它提供了邂逅时私人距离的范围。

社会距离：近状态（1.5～2 米），用于非个人事务和一般性谈话的场所，比如商人会见一位新客人、应聘的雇员或者不熟悉的同事，房主与客人在门口或商店交谈。远状态（2～4 米），更多地用于社会和商务交往的场合。

公共距离：近状态（4～8 米），适宜非正式的聚会，比如，教师向教室里的学生讲课。远状态（8 米以上），通常为政治人物或社会名人所用，因为它提供了必要的安全感并特别强调主导性。

根据这一空间距离理论可以发现，服务最适合的空间距离是私人距离的远状态和社会距离状态。当服务者与被服务者之间的距离大于这一状态时，被服务者感受不到服务的热情，会产生备受冷遇的失落感，对服务的不满将随着这种失落感的加重而爆发。当服务者与被服务者之间的距离小于这一状态时，被服务者有一种被侵犯了私人领地的感觉，对于服务，他没有感到热情，更多的是有一种强迫感和压抑感，似乎有一种外力在迫使他接受极不情愿接受的产品。

通常：服务者与被服务者的服务距离一般应该保持在 0.5～1.5 米；引导距离一般应该保持在 1.5 米左右；待命距离一般应该保持在 3 米以上；展示距离一般应该保持在 1～3 米；禁忌距离切不可小于 0.5 米。

3. 服务热情不过度

在提供热情服务的时候，一定要把握好度。既要表现出热情、周到、体贴，更要表现出善解人意，为客人提供一定的自由度。

服务热情无干扰，主要要求我们做到：

言语热情无干扰：一般情况下，服务人员在工作岗位上除了说"您好""欢迎光临""下午（上午）好""请走好""再见"等礼貌用语外，不宜再说过多的语言，以免让客人感到厌烦。

表情热情无干扰：一般情况下，服务人员在提供服务的时候，要面带微笑，双目注视对方。切不可死盯着对方或对客人大笑不止。

行为热情无干扰：在服务的过程中，要掌握好服务的时机，不要因服务而干扰了客人的心情。很多客人抱怨，他们需要休息的时候，我们的服务项目却没有结束，甚至刚刚开始；还有部分客人在公共场合的大声喧哗，需要我们及时地劝说和制止。

五、不以貌取人

“以貌取人”在过去的服务业非常普遍，当客人出现在服务者面前的时候，服务者通常会根据客人的外貌来掂量客人的分量，以决定以什么样的态度和方式来服务客人。过去，由于人们物质条件的限制，基本上靠看客人穿的鞋子就能够判断出他的身份。穿上等牛皮鞋的客人，既不会在付账上出问题，也不会给其他客人带来麻烦。可是，现在的情况不同了，有穿得极不起眼却是某集团的大老板的人，出手阔绰而爽快。有穿得像有钱太太的可能是靠低保金过日子，包里从来不会多于 10 元钱的人。还有穿着高档西服，怎么样看都像是富裕的青年，结果，银行卡的存款却紧紧巴巴。

服务业目前正处在客人复杂多样、竞争激烈的时代，在这样的时代里，我们应该以怎样的姿态来服务客人呢？

一位长相土气的老人来到市政府机关门卫值班室。“同志，请问

王 × × 在吗？”“喂，老头，你胆子不小啊，敢直呼我们市长的名字！”“俺是找他有事啊。”“别没事找事，去去去，你找他能有什么事？”“他是俺儿子。”

这个故事看上去是个笑话，但仔细想想就因为一个人长相土气就连对人的基本礼貌都没有了吗？全部客人都是我们珍贵的客人，不能以穿着打扮来估价人，对每一位客人都应该以同样的态度去对待。以不偏不向的态度同等地对待不同的客人，自然能够辨别出每一位客人的差异，才能够看清楚客人的真正面目。

案例

不要以貌取人

案例来源：海门日报 2010 年 4 月 3 日

今天柜台来了一位顾客，衣着很陈旧，头发也很乱，从外表上看是外地来海门打工的。我本认为他只是看看而已，不会买的。但我们的工作就是要认真接待好每一位顾客，我微笑地上前同他打招呼，顿时他的脸“唰”地一下涨得通红，不好意思地连声说：“先看看，先看看。”于是，我一边指着他手中拿着的鞋，一边一一向他介绍这双鞋的皮质、款式等。

他很快从中看中了一双鞋，“可以帮我找下这个款式 40 码的吗？”“当然可以，您稍等。”很快，我找到了他想要的那双鞋，让他坐着试穿。他不好意思，总认为自己衣服不干净，要站着试穿。“没有关系的，坐着穿鞋舒服。”他穿上了那双鞋后觉得很满意，当我开票的时候，他抬起头来，说：“帮我再挑一双正统的鞋吧。”我很诧异。最终他买下了两双鞋，临别时他对我说：“你这个营业员的服务态度蛮好的，没有看不起我们这种人。”顿时，我内心感到无比惭愧，因为当初我本以为他只是看看而已。

通过这件事，我深深告诫自己：无论什么时候，都不能以貌取人。若是今天我认定这位顾客不会买，就对他不够热情，服务不到位，不仅做不到生意，更影响了顾客对我们亚萍国际的整体印象。

（海门亚萍国际　何晓娟）

还有朋友告诉过我一件真实的事情：

去年房价疯涨的夏天的一个周六上午，所有的同事都在忙碌着，有的带客户看房，有的正在和客户或业主谈价，我刚带了两批客户看完房回来，脚走得很累了，正想休息一下时，两位长相和穿着打扮很普通的女子带着一个男孩走进来。当时因为大家都在忙着，就我刚空闲了下来，所以只好由我接待他们了。当时我看到他们，觉得这两名女子应该就是随便看看的，可能不是实在买客，不是很来劲儿地接待他们，只是应付式地简单地问了他们姓氏、电话以及需求，然后告诉他们有现房可看。这时刚好有一个新来的同事忙完回到了店里，我就请她帮忙带去看了。同事带他们看完后，他们也就回去了。

同事回来后，我问她看房情况如何，她说客户嫌房子面积太小不合适。我听了之后没什么感觉，认为与我猜想的差不多，真是随便看看的，就没放在心里。

那两名女子看完房的第三天即周一，我刚好休息，早上就接了个同事的电话让我去公司，说有个廖小姐要来找我看房。我正准备去时又接了个朋友的电话，说今天要带个朋友来找我看房。我一听可高兴了，心想：今天财运这么好，两个客户主动找我看房。

等我到了公司后，朋友和她的朋友已经在等着我了，然后我又问同事哪位廖小姐找我看房，同事告诉我在等我的朋友的朋友就是廖小姐，而朋友要带来看房的人也是廖小姐，我才恍然大悟：原来她们说的客户居然是同一个人，而且这个廖小姐就是周六那两名女子中的一个。在朋友的陪同下，我带她们看了几套房，去看房的路上我无意中说了有一套很漂亮、送全部家私家电的南向复式，没想到廖小姐很感兴趣，当时就让我约业主看房。也真是有缘分，刚巧业主也在家，就约了她们看房。这一看，廖小姐母子俩都喜欢上了，特别是她的儿子，一上第二层就坐在露式花园的秋千上玩了起来，怎么都不肯下来了。就这样，廖小姐买了那套复式。

没想到看似这么普通的一个女子居然是个实在买客，而且还是买豪宅一次性付款的大客户。可以说如果不是我朋友带她来，可能我根本就不会上心跟进廖小姐的。真的非常感谢我那位朋友，在她的帮助下让我挽回了一个大豪客。

所以，从此以后我都再不敢以貌取人或以打扮取人了。

“人不可貌相，海水不可斗量”说的就是服务不要以貌取人，只要是打电话或上门的客户，我们都应当热情、周到、上心地对待，这样的对待将会让我们的人生收获不小的“财富”。

小结

◎　员工开心，员工才能不抱怨地工作；不抱怨的员工才能让客人满意；只有客人满意，企业才能够有长远的发展。

◎　走错的都是路！世界上没有错路，只有您一直在抱怨而没有细心欣赏路边风景的好路。

◎　如果您没有条件改变现状，那请您换个角度去享受它，而不是被动无奈地适应它，享受是快乐的、没有抱怨的，适应是痛苦的，所以我希望您能够去享受它。记住千万别抱怨！

◎　用心演好自己的角色，严格按照岗位职责的要求去用心"演出"，这样的工作才更有成就感，这样的人生也才可能精彩。

◎　规则一：客人总是对的；规则二：如果客人错了，请参照规则一。

◎　客人总是对的服务理念：第一，不与客人争输赢，把对让给客人；第二，不与客人辩解，勇于承担责任；第三，客人对了，客人就开心了，那么您就对了。

◎　坚持"客人总是对的"，就是坚持得理也要让人。在不同的情况下，服务人员有不同的"让"法。但不管哪种让法，最重要的是将"面子"让给客人。特别是对我们的同胞，只要您不让他"丢面子"，那事情就好办了。

◎　服务承诺会让客人对您的期望值升高。

◎　我建议少承诺、多做事，这是您能够给予客人的最好信用。

◎ 不要轻易承诺，更不要过早承诺，也不要承诺过度。

◎ 我们的服务应该适度，太殷勤会让客人无所适从，甚至可能吓跑我们的客人。

◎ 与客人保持合适的空间距离，不要试图擅自走进别人的“个人空间”，那不仅仅是无益的，甚至是危险的。

◎ 全部客人都是我们珍贵的客人，不能以穿着打扮来估价人，对每一位客人都应该以同样的态度去对待。以不偏不向的态度同等地对待了不同的客人，自然能够辨别出每一位客人的差异，才能够看清楚客人的真正面目。

第六章

投

服务白金法则是美国最有影响的演说人之一和最受欢迎的商业广播讲座撰稿人托尼・亚历山德拉博士与人力资源顾问、训导专家迈克尔・奥康纳博士共同研究的成果。白金法则的精髓就在于“别人希望您怎样对待他们，您就怎样对待他们”，从研究别人的需要出发，然后调整自己行为，运用我们的智慧和才能使别人过得轻松、舒畅。运用到服务中，其本质是以客人为中心，满足客人的消费需求，为客人创造价值，使客人价值最大化、客人成本最小化。

学会真正了解客人，然后以他们认为最好的方式对待他们，而不是我们中意的方式。这一点还意味着要善于花些时间去观察和分析我们的客人，然后调整我们自己的服务产品和服务行为，以便让他们觉得更称心和自在。

服务业在运用白金法则时，有三个要点必须注意：

（1）客人行为合法。客人行为合法是前提，法律是服务的底线。

（2）服务应以客人为中心，服务产品的设计以客人需要为出发点，服务质量标准以客人满意为起点，对客服务规定及服务礼仪以方便客人为前提。客人需要什么，我们就要尽量满足客人什么。

（3）客人的需要是基本的标准，而不是说我们想干什么就干什么。

服务并不能以量化的客观标准加以衡量，它最终必须以客人的满意为标准。满意的服务带来的是客人长期的信任、长期的购买、长期的利润回报。

服务满意度 = 提供的服务 ≥ 客人对服务的期望值

首先，我们要了解客人对服务的期望；其次，是提供的服务尽量达到或超越客人的期望。如果我们的服务长期或经常性地满足不了客人的期望，我们要想办法调整客人的期望。

一、投其所好：了解客我间的关系

客人与公司的关系影响着客人对公司服务产品的信任，更决定服务危机时候客人的态度，因此，充分了解客人与公司的关系可以帮助我们提升客人满意度，并且降低服务危机产生不良影响的风险。

通常，客人与公司存在下列几种关系：第一是伙伴关系，这样的客人表面上与您是淡如水的关系，实际上这是一种最稳定和可靠的客人关系。这样的客人一般对您的服务的期望比较客观和合理，很少有不切实际的想法，因此，满足或超越他们的期望应该是可行的。另外，这种关系的客人还有一个典型的特点，在您面临困难以寻求支持的时候，他们通常都会选择购买您的服务来对您进行帮助，因为他们会记得在他们需要您的时候，您的付出和爱，这类客人是报恩的。第二是功能关系，维系你们关系的纽带是您具有的某种能满足其需求的功能，一旦这种功能消失，你们的关系自然就结束了，不管您付出了什么，对他而言都毫无意义。比如，如果您是航空公司，那么能够提供快捷而安全的交通工具，就是您的功能，当某一天铁路比您还快捷和安全时，这种关系维系的客人会马上离您而去选择铁路，这类客人是现实的。第三是感情关系，他之所以选择您的服务是因为喜欢，是因为爱。这种喜欢和爱可能来源于您企业和产品的品牌形象，来源于您的员工形象甚至没有理由。感情关系的客人在喜欢您、爱您的时候一定是最忠诚的客人，但是，在恨您的时候也一定是最可怕的客人。所以，建议您将您与客人的感情关系维持在正常的人与人的友爱之中，如果一不小心进入了男女之爱的范畴，那您可就麻烦了，因为您只能爱一个人并接受一个人的爱，爱不成恨将至，这个道理非常简单但却很难把握。我发现许多的服务人员特别喜欢利用异性效应来为客服务，在这里，我提醒您：谨慎地使用！不可滥用！感情关系的客人是感性和浪漫的。第四是游离关系，在新新人类成长起来的今天，这类关系越来越多。现在非常流行一种说法，那就是20世纪70年代出生的人是新人类，20世纪80年代出生的人是新新人类。之所以说后者是新新人类，主要是由于他们是同时具备幸运和不幸的一代，幸运的是他们沐浴着改革开放的春风长大，改革开放带来的所有实惠都体现在他们的日常生活中；不幸的是，他们大都是第一批独生子，对于带惯了一大群孩子的中国父母来说，突然面对一个孩子时，他们感到无所适从。爷爷、奶奶、外公、外婆、父母将家里唯一的孩子迎回家的时候，就注定了他们的“不幸”，他们被“爱”宠大，在物质和精神严重失衡的家庭环境中长大，按照管理学上的激励理论：单纯的物质激励是害民，单纯的精神激励是愚民。20世纪80年代的孩子可以说在某种程度上，有相当部分是被家庭无意“害”大的。被“害”大的一代，特独立独行，没有感恩，没有对他人的爱，只有“我喜欢”。所以，他们像自由电子一样，选择和接受服务非常随性，今天可能是您的客人，明天又会是您竞争对手的客人，后天，又不知道跑到哪里去了，行无定踪是他们的行为表现。唯一可以吸引他们的可能就是新——产品新，服务新。所以，不断推出新的服务项目是让这类关系客人满意的一个重要的手段。

二、投其所好：了解客人的期望值

国内外关于服务质量的研究很多，其中以美国著名营销学家 **Arasuraman** 对服务质量的解释最为人们所普遍接受。他认为，“服务质量”是消费者对服务的期望和感觉之间存在差异的方面以及差异的程度。感觉中的服务质量是客人在较长一段时间内形成的对某服务的服务质量的看法，而客人满意程度往往只是针对某一事件或服务而言。当然，对某一事件的满意程度往往会影响客人感觉中的整体服务质量。可见，“感觉中的服务质量”是客人对服务的期望和感觉之间的差距，是衡量服务质量的尺度。这种差距越小，说明服务质量越好，客人就越满意。

服务质量的概念包含了以下内涵：

（1）服务质量的评判具有很强的主观性：在一定的环境和道德前提下，消费者根据自身的需要和期望，说服务质量是“什么”，就是“什么”。

（2）服务质量具有绝对性：无论是有形设施还是无形劳务都必须保证质量，每个环节都是服务质量的重要组成部分。

（3）服务质量具有变动性：当消费者的需求改变或提高以后，企业自身的服务质量应随之而改变或提高。

（4）企业必须提高服务的质量，通过采用严谨的策略和制度，加强人员管理，来满足或超值满足现有及潜在的内部和外部客人的要求和愿望。

（5）服务质量的提高，可以使企业提供比竞争者更多的价值，获得更多的市场份额，并可为每个员工提供更加良好的发展和工作环境。

根据上述理论，服务质量的标准不是通常我们所理解的服务的许多重要数字指标，而是客人的满意度。“标准”：衡量事物的准则。“标准”一词近年在国内服务界受到越来越多的关注，服务标准化和规范化已经成为服务工作的重要内容。规范化、标准化可以提升服务质量，但不能提升服务满意度。我主张的“满意服务”就是不以量化的客观标准来衡量，而是以客人的满意度为标准。满意的服务带来的是客人长期的信任、长期的购买、长期的利润回报。

作为4Cs营销理论倡导者的劳特朋认为：要了解、研究、分析消费者的需要与欲求，而不是先考虑企业能生产什么产品；要了解消费者满足需要与欲求愿意付出多少钱（成本），而不是先给产品定价；要考虑在客人购物等交易过程如何给客人方便，而不是先考虑销售渠道的选择和策略；要通过互动、沟通等方式，将企业内外营销不断进行整合，把客人和企业双方的利益无形地整合在一起。显而易见，4Cs 营销理论的四个方面都在强调同一个问题：关注客人，了解客人。

随着竞争的加剧，客人对服务的要求也像雨后破土的植物一样疯长，当然服务硬件只是基础，软件才是真功夫。

1. 客人需求

要让客人满意，首先您应该认识您的客人。只有通过认识客人，熟悉他们，并不断地研究客人群的购买动机和购买行为，逐步认定和挽留住具有较高价值的客人群，才能为未来的利润水平打下坚实基础。

您还应清楚地了解自己的客人是谁，以及这些客人有些什么特点；收集与客人有关的各种资料，包括产品、服务历史、客人满意度、建议、偏爱、家庭特点、生活事件、爱好等，并建立用户档案，保持与客人的长期良好关系。

企业 80% 的利润来自 20% 的客人，故您也不可能在每位客人身上花同样功夫，因此，应仔细研究客人群，准确评估每一位客人的价值。成功留住客人的关键是分清您最想留住的客人和那些您稍不留神就会甩手离去的客人，然后以最忠诚的客人为标准去寻找新客人。

第一，知己知彼百战百胜，这里的“彼”不是竞争对手，而是我们的客户。对于波特的竞争战略，我历来存保守的回避态度，因为我始终认为一个企业花费过多的心思琢磨竞争对手，将没有什么精力研究自己的定位和相关的客户，有竞争对手的产品是血红的“红海”，而最有存在价值的企业是不断根据市场变化开辟一片“蓝海”。“蓝海”战略要求企业分析客人、了解客人、引导客人，所以这里的“彼”是我们的客户和客人。

第二，推销和营销是两个本质相异的概念，我这里只探讨营销而非传统的推销。营销的根本出发点是准确把握客人的需求，依照客人的需求设计产品，制订营销策略。

第三，客人的特殊需求丰富多彩，但共性需求大同小异，我试图从共性到个性对客人的需求做一个全面解剖。

我们的客人为什么要消费我们的产品，最根本的需求无外乎是，我们能提供具有满足他们需要的基本功能的安全健康的产品。

安全就成为消费者选择购买的决定因素之一。

首先，您的产品首先必须是安全的。这也是客人的安全权，安全权是指客人在购买商品或享受服务时有保障生命健康不受侵害的权利。如果是食品，不仅要要求它不致中毒，更要要求它不能对身体产生某种潜在危害；如果是交通，客人更希望能够安全地到达目的地；买电器是为了改善生活质量，买一个“炸弹”在家将是非常倒霉的事情；服装不仅要能够保暖和美观，更要能够有利于身体健康。在处处提倡“以人为本”的今天，您的产品的安全是客人所有需求中最重要的，只有安全的产品、安全的服务体验才能保障生命价值的安全。

1996 年 1 月 12 日，原告谢雪芬在被告万通大酒店登记住宿。当晚 11 时许，谢雪芬从外面返回万通大酒店，在该酒店四楼走廊里遇到 4 名不明身份的男子，其中一男子对其进行调戏、殴打，致其人身受到伤害。在谢雪芬遭受殴打的过程中，有数人进行围观，其中有该店的保安人员及服务人员。尽管谢雪芬大声呼救，却无人出来制止。事后，4 名男子扬长而去。谢雪芬被打后去晋江市医院治疗，其伤情经医院诊断为：头部外伤综合征，腹部及四肢多处软组织挫伤。

谢雪芬因向万通大酒店索赔无着，遂于 1996 年 2 月 2 日起诉到晋江市人民法院，诉称：

其在酒店被打前后长达十多分钟，酒店的总务经理、保安人员及服务员多人皆站在旁边围观，无人上前阻拦，其未得到酒店应有的保护。被告不履行保护住店顾客安全的职责，严重地侵害了其作为消费者的合法权益。

（案例来源：大庆律师网）

安全不仅适用于我们提供的产品，而且在消费的过程中也不能给消费者的生命和财产带来事实上的不安全或者存在安全隐患。

在事实安全的基础上，消费者在消费过程中得心理安全。我们严格的管理、严谨的流程设计、员工认真负责的工作态度甚至干净整洁的制服着装等，都会增加客人心理上的安全感。如果客人刚一入住酒店，就有各种各样的骚扰电话；没有经得客人允许就代客人收取物品等，这会大大降低客人心理上的安全感，有些擅自替客人做主的行为还可能会导致客人政治上的不安全感。所以，我们要重新审视我们的服务流程。产品没有安全感也是客人不敢购买的原因。

无论任何时候，无论客人多么富有，除了追求展示性消费，为了虚荣之外，价廉物美始终是客人追求的重点，价廉物美也是客人选择我们而不是其他同类产品的关键点之一。

所以，在安全的基础上，人们渴望您的产品和服务能够让他省钱、省钱、再省钱。不论他是富有或是贫穷，他都希望能够以较低廉的价格购买满意的产品和服务。从这个角度来看，在任何时候，合理的“价格战”都是必需和必要的。现在，我们许多的专家和服务提供者对“价格战”特别敏感，总喜欢将让利于民与“恶性”竞争混为一谈，因此，他们通常简单地将价格竞争策略定义为“消极的”、“扰乱”市场经济秩序的罪魁祸首。但是，回头看看我们许多企业和行业的发展轨迹，正是一轮一轮的降价策略让我们的企业成长、壮大，让我们的服务更人性化和更完美。竞争是残酷的，它不会怜悯任何弱者，价格是悬在我们头上的利刃，随时督促我们的产品和服务更好、成本更低，不能有一点麻痹和懈怠，否则将被这把利刃劈死。只要您是真诚地为客人的利益着想，低价格竞争将永远是竞争的一个主要且有效的手段。

说到价廉物美，相当多的服务者想到的就是降价。价格战是在进入市场时的渗透战，但持续性的价格战也是一把“双刃剑”。

人性有许多弱点，最致命的弱点是好占便宜。如果我们真诚地把便宜给客人，而不是利用人性这一弱点，用尽心机去欺骗客人，甚至想自作聪明地“套牢”客人，那么占便宜的客人将是我们的忠诚客人，同时还是热心的分销商，我们的分销商越多，生意也将越红火。

怎样实现这一目标呢？那就是分利。分利最典型的案例是通行于世界民航的“常旅客”计划，这一计划是典型的“羊毛出在狗身上”。

真诚地让客人占便宜，就是摒弃一些传统的服务策略中利用客人的部分。例如，许多商场或酒楼都有消费送券，可客人收到这样的券发现不好使，规定繁多，都是设置障碍，消费 100 元可使用 20 元或者只可领取固定商品等，这让消费者感受到的不是诚意而是欺诈，商人的奸诈一旦败露，客人就会快速离去。俗话说，买的没有卖的精，但可能精明的您还没有明白原因的时候，您的企业就已经不存在了，究竟是谁精呢？

客人要什么？我们的服务是否对路、对心？

再次要设计出科学合理的服务产品。盲目提升服务产品的质量标准，将提升部分的成本以硬性的方式强加在客人所购买的产品价格上，不管客人是否需要这样的产品，是否能够接受这样的价格。剥夺客人对产品和服务的知情权和选择权，已经成为大多数服务企业的普遍行为。这样的行为说轻点是不尊重客人，说重点是企业违反了《消费者权益保护法》中的消费者享有对所购产品和服务的知情权和选择权。

产品设计要科学，这是使服务满意的最基本要求。服务的一切工作的出发点和落脚点是客人满意。如果服务产品的使用者对产品不满意，不管这个产品多么先进和时尚，多么豪华和昂贵，这样的产品都将没有长期存在和发展的理由。

产品设计要科学，首先要求服务产品应该是健康的产品。现代社会，人们对健康的渴望比任何时候都来得强烈，健康的生活、健康的身体以及健康的心灵是现代人津津乐道的话题，健康是服务产品设计的首要标准。

产品设计要科学，其次要求服务产品是符合人性和社会道德规范的产品。“以人为本”在服务产品的设计时不应该只是一句口号，更应该是一种深入骨髓的设计理念。

产品设计要科学，还要求服务产品在消费时是方便和便捷的。现代人越来越忙碌，忙碌的人们很少有足够的时间来等待。方便、快捷的服务产品能够为人们节省时间和精力。

产品设计要科学，最后要求所设计的产品在满足客人的基本需要同时，为客人降低支付成本。“价廉物美”是消费者对商品的基本需求。烦琐的服务流程、重复使用的服务内容会增加产品成本，所以，制订合理的服务流程就尤为重要。

为了保障基本的服务质量，服务行业或服务企业也对其自身的服务制订了许多可量化的服务标准，也希望通过这些定量的服务标准的实施、监督来保障服务质量。笔者认为这样的手段能够保证服务的最低质量水平不会太低，在服务内容还没有同客人达成共识的情况下是非常有效的，但却很难提升我们的服务质量。因此，有效的服务质量保障体系应该是：

（1）充分了解客人的需求，设计能够满足客人需求的服务产品。

在认识客人的基础上，您还应该分析客人，通过对客人意见和感受等信息的深入分析，您可以为自己未来的经营活动确定方向。一个商业笑话也许可以在轻松的调侃中揭示这个道理：一位妇女常光顾某超市，而且喜欢偷窃一些商品。一次被保安人员发现了，保安人员报告给经理，经理微笑着说："不要紧，我早就发现了，千万别惊动她，你不知道，她每次偷的商品不久就会流行起来。"这意味着这位妇女极具鉴赏能力，而经理正是根据这一信息组织进货的。

了解客人需求有时候需要通过现象看本质。如客人向您要一只可以在玻璃上钻孔的电钻，这是他的需求，如果您只是努力满足这一需求，就失去了更有效地满足客人需要的机会。"需要"是"需求"背后的原因，客人需要这种电钻的原因是要在玻璃上打孔，是因为需要把管道伸出窗外等。您应该努力去满足客人的需要——有没有把管道伸出窗外的更好方法？而不仅仅停留在满足客人需求的层次上，把电钻给他了事。我们经常发现客人提出的需求并不一定最符合他的需要，因为我们是专家，完全可以在这方面帮助客人，这也是最能体现我们专业价值的地方。

（2）以客人需求变化为基础，建立动态的服务评价标准。

（3）及时发现客人满意与动态标准之间的差距，因为“客人满意”是所有服务标准中的最高原则。

服务质量好、坏是所有服务的提供者和客人说也说不完的话题，更是仁者见仁、智者见智的话题。希望中国的服务企业能够走出服务质量管理的一些误区，闭门造车的标准和不考虑客人感受的服务，不管是多么的热情和诚恳，也可能不能让客人满意，而不满意的服务一定是质量最糟糕的服务！

2. 客人的其他心理需求

一般情况下，客人还有下列几种心理需求：迅速、尊重、舒适。

快速的服务！

客人的耐心是非常有限的，特别是忙碌中的现代人，习惯了快节奏的现代人，没有慢生活体验的现代人，对于接受服务过程中的等待相当缺乏耐心。如果您让他在接受您的产品的时候等待时间过长，如果这个等待还在他所能忍受的范围内，那么他对您的不满还可以用语言表达出来；如果这个等待时间让他觉得难以忍受，那么他唯一的选择就是用脚投票；如果这个等待过程中，您忽略他的不满诉求，他很可能会以一种激烈的方式引起您的重视，甚至是用暴力行为惊醒您。

我们用心观察就会发现，那些生意兴隆的商家，那些顾客盈门的店铺，客人都可以在较短的时间内得到他们想要的产品或者服务，或者得到他们想要的态度。而恰恰是生意冷清的场合，等待有时候却是那样不可避免。这种差别来源于管理，来源于店家的理念，来源于员工的训练……

缩短客人的等待时间，是一种聪明的服务营销。在客人面前展示出来的专业、精业、敬业可以提升品牌形象，加强客人对品牌的热爱程度，培养客人对品牌的忠诚度。

缩短客人的等待时间，是一种想客人所想的服务。时时处处为客人着想，为客人节省时间，为客人节省金钱，为客人节省资源的企业，是客人永远用行动和货币去支持的企业。

所以，有经营头脑的企业，都会用心去观察他的客人可忍耐的等待时间并且用心地去管理好客人的等待时间。

缩短客人的等待时间需要我们：

首先，梳理我们的服务流程，尽可能缩短产品从生产到到达客人面前的时间。

对于酒店而言，餐饮客人点餐后的等待和前台客人“进”或“出”的时间是反映我们管理能力的重要窗口，也是服务流程最需要合理梳理的地方。例如客人点餐后，传递到大厨的信息是否最快、最及时、最准确？后厨的流程和配合是否最合理？成菜的传菜动线是否无障碍？如果餐厅没有统一的服务流程，员工都想当然地来做事，员工就不能在规定时间内完成相应的工作，岗位衔接度就会很差。比如在第四章提到的服务流程的例子，还比如大批客人、大批学员同时登记入住时的等待也反映出我们流程设置的不合理问题。

其次，训练我们的员工快速工作的习惯。

这里我用的词语不是培训，是训练，培训仅有简单的几次课程或示范，而训练是需要靠制度来强化行为习惯。只有快速反应、快速行动的习惯才可以产生快速的服务。在服务的走姿训练中，快速慢跑式的走姿是公共场合服务最需要的走姿，优秀的服务提供者都是“用小跑方式”为客人服务。用小跑方式服务客人，是令客人陡然间产生自尊的最好方式，是对顾客地位的认可，可以帮助销售甚至是客人高额消费的达成 。小跑是最佳、最恭维客人的服务走姿。

再次，给客人提供一个有希望的等待时间。

在有的餐厅，当我们点餐的时候，服务员会友好地提示某些菜品是什么样的烹饪方法，大约需要多少时间，这样客人就可以根据自己的时间选择点或不点、等或不等。客人有预知的等待，且是自己选择的等待是可以忍受的等待，只要菜品在他预期的等待时间内出现，这样的服务都是让客人满意甚至是惊喜的服务。这也是我在航班延误课堂上讲的，延误时候信息沟通的重要性之一，航班能不能走，大约什么时间可以走？让客人做出选择，让客人有预见，让客人可以自己管理自己的等待。

然后，对所有的客人一视同仁。

比如，客人按照顺序接受服务就是一种公平原则，如果等待是有秩序的，客人的焦虑心情会缓解，可以安心等候。

最后，重视等待时的服务语言。

客人需要快速的服务，需要马上享受到他购买的产品，这样的想法我们要充分理解并尽量满足。快速地提供服务产品也是降低商业变动成本的有效手段（如餐饮服务快，可以增加餐饮翻台次数，降低人力资源成本等），这是一个良性的经营思维。

“快一秒，省一秒”是东京帝国饭店服务秘籍之一。迅速是指处理事情不拖拉，而且高速度、高效率。

现代社会中，快节奏的生活给服务提出的要求之一就是迅速、及时地解决客人面临的问题。

不管是大人物还是市井小人，他们都有自己的自尊和体面，所以对被尊重的渴望都一样。当您对他表现出足够的尊重时，您会得到出乎意料的回报。“对尊重的奖赏”讲了这样一个故事：

> 年轻的亚瑟王遇上埋伏，吃了败仗，邻国的国王将其囚禁起来。国王没有马上杀他，但提出了一个很难回答的问题，如果亚瑟王能够回答就放了他。
>
> 亚瑟王将有一年的时间思索这个问题，假如一年之后，仍没有答案，他将被处死。邻国国王的问题是：女人最想要的是什么？
>
> 这个问题甚至可能会让最有学问的人困惑不解，而对于年轻的亚瑟王来说，要想答得正确基本连门都没有。但是既然答题比立刻就死要好，他接受了到年末拿出答案的要求。
>
> 他回到了自己的王国，开始咨询所有的人，但没人能给他一个满意的答案。后来有人建议他去向一位著名的老

女巫讨教，但讨教者必须付出特别高的代价，她才肯交换答案。女巫同意回答亚瑟王的问题，但是亚瑟王必须接受她的要价——她想嫁给高文，亚瑟王最亲密的朋友、圆桌骑士中最高尚的一位骑士。

年轻的亚瑟王惊骇了，那女巫长得很丑陋，驼背，仅有一颗牙齿，浑身上下冒着臭水沟一样的气味，还经常弄出一种让人恶心的噪声。

高文知道这个求婚对他意味着什么，但仍对亚瑟王说，没有什么不幸能比得上牺牲亚瑟王的生命及其对圆桌骑士的保护。因此他们的婚礼被诏告天下，老女巫回答了亚瑟王的问题：女人最想要的是掌握自己的命运。

每一个人都明白了女巫的回答完全正确，亚瑟王的生命获救了。

高文和那个女巫举行了婚礼。太阳落山时，高文鼓足勇气进入洞房：一个他今生所见过的最漂亮的女人躺在他面前的锦褥之上。

女人对惊奇的高文说："既然您对我这么好，我就要让您看到一个女人最美好的一面。我在一半的时间里是一个丑陋可怕的女巫，另一半时间是一个美丽的处子。您是要我在白天还是在夜晚露出最美好的一面呢？"

这又是一个残酷的选择。高尚的高文说："爱妻，我想让您自己做出选择，无论白天夜晚您以何面貌出现，我都尊重。"

听到这，他的妻子说："我将在所有时间都以美艳的外貌出现，因为您尊重我，让我掌握了自己的命运。"

由此可见，对一个人的尊重将会产生多么大的奇妙效果。所以，我们要尊重我们的客人，不论他是富贵还是贫穷，是美丽还是丑陋，他们对尊重的要求都是一样的。

尊重的本质就是满足客人的知情权和选择权。知情权也叫知悉真情权，知道有关产品和服务的基本情况，如生产厂家、保质期、生产日期、服务内容、服务违约责任等；选择权也就是自主选择产品或服务项目的权利。知情权与选择权既是消费者的基本权利，也是《消费者权益保护法》（简称《消法》）重点保护的内容，更是我们对消费者尊重的体现。

知情权选择权被限　87 位购房者定金获退

案例来源：温州市消保委 2009 年度消费维权典型案例

2010 年 03 月 12 日　10：25

2009 年 10 月 30 日，87 位消费者来市消保委投诉称，市区某楼盘开发商收取每位 30 万定金后未一次性公开价格，又在开盘现场营造抢购气氛并且签订定金合同时间很仓促，让人无法细看和做出判断，这种做法不合法。由于该起投诉人数众多、金额巨大、涉及热点问题，我委立即进行内部讨论，认为开发商的行为已限制了消费者的知情权和选择权。于是通知开发商配合调查，接受调解。经调解人员向该开发商负责人解读、宣传《消法》相关规定后，告知其消费者应当充分享受其知情权、选择权，如果予以限制将是侵权的行为。开发商终于认识到在销售过程中的行为涉嫌违法，同意予以退还 87 位消费者的定金。

我从微信里看到一篇文章，中国人 2015 年春节期间在日本的购物消费达到 60 亿人民币，从保温杯到名牌包，商品涉及人们日常生活的方方面面。在抵制日货的今天，中国人还疯狂地在日购物，是这些购物的人不爱国吗?

据使用过日本商品的朋友说，感情上很不喜欢日本货，可实际上日本的产品真的好使，舒适性好是日本产品的共性，也是吸引人们争相购买的重要原因。

购买舒适的产品是客人的又一共性需求!

在社会劳动保障出版社已经出版的《饭店管理基础知识》中，我特意加上了一章“建设有良好舒适度的饭店”。所谓舒适性是指我们的各种项目、产品都应该让客人感到舒适、惬意和满足。人体工程学的研究表明，舒适度是一个复杂的动态概念，是人与环境交互作用而引起的刺激与效应，它因人、因时、因地而不同。

这几年，给企业做培训，全国各地饭店住了不少，几乎很难找到一张舒适的饭店床位，标准化配置，不考虑客人体表感受的被褥厚度，忽略客人对环境安静需求的空调吹风机，存在安全隐患的沐浴设施等，都难以让人有舒适的感觉。

人与环境交互作用而引起的好的刺激与效应，离不开建立在专业化管理和整体协调性氛围基础上的高质量服务。对客人而言，即是无须费心，无论是服务，还是环境都让人感到舒服、周到、方便、安全、富有尊严感，有“家”的感觉。

三、投其所好：超越客人的期望值

客人很喜欢您能超越他们的期望，而不是走按部就班的程序和方法。遗憾的是这样的超越没有一个现成的规则。赠送一件小礼物偶尔会给客人一个惊喜，但是每次都给礼物就成了俗套，不会再引起客人积极的反应了。这也就是为什么说创新非常重要。打破常规的新方法，是尽可能地创造惊喜，增强客人的满意度的方法。

在一个学校旁有好几家豆浆店，大部分的店家生意起起落落、时好时坏，但有一家生意特别兴旺，每天客人都络绎不绝。经过细心的观察，原来这家店生意特别好是有其原因的。

一般豆浆店卖的甜豆浆只加白糖，但这一家却提供3种不同的糖供顾客选择。第一种是白糖，和其他几家并无不同。第二种是具有滋养喉咙保护声带功用的蔗糖，这是为在附近教学的老师贴心准备的。第三种更绝了，由于学生群是该店的主力客人，而学生们喜欢新奇，店家特别针对他们的特性准备了黑糖，加上后整碗豆浆都是黑黑的，别有一番滋味，学生们戏称为“巧克力豆浆”。除此之外，这家豆浆店的老板和服务员对客人的姓名都能熟记于心，每一次顾客去光顾的时候他们都会亲切招呼，同时还为老顾客准备一些赠品相送。例如浮在豆浆上的豆皮层，店老板特地捞起来送给年纪较大的客人，让他们带回去作为营养补品。榨豆浆剩下的豆渣则是送给主妇们，并教她们带回去用酸菜煎炒，做成一道可口又下饭的佳肴。

所以这一家豆浆店门前每天车水马龙，每个人也都忙得不亦乐乎，至于其他店家简直是门庭冷落车马稀，形成强烈的对比，真是几家欢喜几家愁。

现在的客人真正追求的是能够提供“超越客人期望的产品和服务”，而这家豆浆店就是成功地把握了这一点，在经营的创意上比别人多用了一份心。不仅为客人提供他们需要和喜爱的产品，让顾客满意；同时用亲切、额外的服务，让老顾客产生了“最大满意”——“让客人感动”。

决定和评估客人真正喜好的关键，是要关注他们与公司所有员工接触时具有创意的反馈，这可能来自每一位与公司有联系的客人。

评估应采取对每一个反馈做细致的“面试”的方式。这些反馈可能来自客人来信，其中可能有赞扬，也可能有抱怨。对于客人集中反映的问题，通过专家的分析可以挖掘客人的深层想法，从而判断他们对所提供服务的真正感受，要深层次、一对一地与客人交流。

四、投其所好：调整客人的期望值

降低期望值 = 提高满意度！

有时候，客人的期望值是那么高，以至于我们多么努力都难以达到，更谈不上超越。造成这一现象通常有两方面的原因：

一是我们的广告或服务者宣传得夸大其词，让客人误以为真。例如同样一个团队，销售人员甲这样跟客人说："北京是一个很值得去的地方，很多客人第一次出游都会选择北京。它的主要特色表现在人文历史方面上，故宫、长城、十三陵等都是喜欢历史的人很向往的地方。再说，北京是我们的首都，谁不想去首都看看呀。"这是一种很常规的销售手法。销售人员乙说："您来参加我们的北京团吧，我们精心安排线路，很注重服务，在酒店上、餐食上，还有用车、导游我们都无微不至，相比其他旅行社来说，我们标准更高。您来参加我们的团队，您会体会到用最低的价格享受最高的服务。"

这种销售不少见，特别是当客人提出“某某旅行社比你们低 50 元呢”的时候。销售人员丙说：“北京是我们的热门线路，价格比较实惠，您看比我们去年的价格低了 400 元了。我们觉得，旅游最主要的是，到向往的地方看看，体会一下异地风情，所以我们景点一个也不会少，但酒店标准降低了。我们相信同等的标准上，我们不会比别人贵，因为我们做了 15 年的旅游，成本方面我们能够控制。另外现在市场真的很透明了。还有提醒您一下，北京菜的口味可能与我们当地有些不同。”

一般情况下，这 3 个销售员经手的 3 个客人参加了同一个团，在他们心中就有了 3 个不同的期望值。而服务质量是一样的，那么他们的满意度就不同了。在一个团队中，不同的客人有不同的期望值，而期望值又反作用于客人的满意程度。

二是我们太神秘，客人有不识庐山真面目的情况，好奇和神秘打开了客人丰富的想象力，期望就随着想象的空间而攀升了。客人们超越现实条件的期望与我们服务不协调的问题已经越来越突出，由于期望与现实的差距，冲突越来越频繁，服务者与被服务者的尖锐矛盾让我们明白，我们在加强服务意识教育和服务技巧培训的同时，还应该通过各种形式来调低我们的客人对我们的期望值。只有这样，他们才会满意我们的服务。

调整客人期望值的比较有效的方法是：

第一，反复地向客人宣传我们服务的本相，或叫本来面目，打消他们对服务的不切实际的幻想。例如，前面说的北京旅游团的情况，我们提倡，让客人明白消费。首先，我们配合媒体，把旅游行业的一些常规做法、惯例，比如购物、加点等，通过媒体让客人知晓。然后，加强企业的品牌建设。这个很重要，客人明白消费时，选择品牌好的旅行社的概率更大。因为当客人没有其他比较的时候，或者说在比较时出现迷惘的时候，他就会借助于第三方的观点，比如旁人的意见、媒体的声音以及企业的品牌。最后，在销售的时候，让客人明白消费。所谓的明白消费，就是尽可能地让客人提前了解他在这个团队中能得到什么服务、会碰到什么问题等。

第二，在新服务推出前，低调而客观地宣传（甚至较谦虚地宣传），让客人对服务的期望值不要太高，这样反而会给客人意外惊喜，提升客人的满意度。低调而客观地宣传，在中国的服务业很难做到，大家长期习惯于“王婆卖瓜自卖自夸”，较着劲地自夸，结果造成消费者的失望和埋怨。

调低客人期望值是一门学问，更是一门技巧，需要我们在明白客人期望的基础上，用低调的方式去调整。

五、投其所好：记住客人的特别爱好

由于成长经历和生活环境的不同，许多客人都会有不同程度的特别爱好。如：有人喜欢可乐，有人只喝白开水；有人钟情于海鲜，有人海鲜过敏；有人在安静的环境酣然入梦，有人需要音乐才能入眠……因此，我们的服务要“投其所好”。“投其所好”的服务是规范服务的升华，是让客人对我们产生信任和认同感的有效手段。

记住客人特别爱好和习惯，进行“投其所好”的服务，不仅需要员工有细致入微的观察，还需要有完善的客史档案管理系统。

首先，员工应该在工作中眼观六路，耳听八方，及时发现并准确判断出客人的兴趣爱好，为客人提供恰到好处的服务。

例如服务员在清扫房间时发现客人房间里经常会有一瓶打开的红酒，可见该房间的客人有喝红酒的习惯，那么，服务员就应及时补进酒启、餐巾甚至红酒架，客人再次入住时就可以预先放置这些用品。再如，当了解到某位客人有某一方面的兴趣（音乐、运动、烹饪、茶道等）时，在与该客人进行交流时，可主动谈及该类话题；在一些特别的日子里，可主动赠送客人一张客人喜爱的音乐CD、一件与运动有关的小饰物、一本关于烹饪的书或一杯风味独特的茶等；在某些闲暇的时候，还可邀请客人一同欣赏一场高雅的音乐会，参加一次轻松的体育活动，参与一个温馨的家庭聚餐Party或观看一场茶艺表演等。例如当了解到某位客人平时喜爱吃某类水果或常饮某类酒水饮料时，在每次给该客人送水果或赠送酒水饮料时，都 可适当加入客人喜爱的品种。若酒店平时无法提供该类水果或酒水饮料，也可以在某个特别的日子专门为该客人特别奉上他喜爱的水果或酒水饮料。客房内的客用品摆放都有一定规范，客用品摆放的原则是让客人使用方便。有些客人根据自己的习惯会对客用品的摆放做一些调整，服务员要尊重客人意愿，而不必按规范恢复。如客人自带食品要存放冰箱等。如果客人是“左撇子”，服务员应主动按照客人的习惯将房间客用品向左摆放，如“夜床”开在床的左侧，遥控器放在电视机的左侧，卫生间的物品盘及面巾纸摆在洗脸台的左侧，衣架也挂在衣柜左侧等。客人房间任何一点细小的变化和摆设都可能是服务员发现客人生活习惯的载体，而根据客人生活习惯提供个性化服务无疑会让客人感受到不一般的惊喜。

其次，我们需要建立客史档案，用档案把客人的爱好和习惯记录下来。

用制度要求员工把每天观察到的客人的爱好和习惯准确地反馈，

用现代化的管理手段把客人的特别爱好和生活习惯记录下来，建立有效的客史档案。当客人重复性购买我们商品的时候，可设置电脑自动把该客人的所有特别之处提示给相关部门，再由员工按照客史记载进行产品配置和服务。

无锡的一家酒店梁溪饭店天香楼，就已经在餐厅引入管家式服务，专为商务客人和宴会客人提供一对一的服务，类似于酒店贴身管家的服务，清楚老客人喜欢吃什么、喜欢喝什么、有哪些特殊要求、有什么样的习惯，每天也都在更新和记录客户的资料信息，从而更有针对性地为客人提供个性化服务，这样的管家服务一定能赢得很多客人的心，我想很多中高档餐饮企业也可以借鉴管家式的服务来提高餐饮服务的品质。

记住客人的爱好和习惯，给客人惊喜，给客人“投其所好”的服务就是对客人最大的重视！

六、投其所好：关注特殊客人的需求

这里所说的“特殊”客人，通常是指两类客人：

一是一些特别客户群体，如老人、孩子、孕妇、残疾客人，甚至还有 **VIP** 客人、政府官员、名人等这类特殊的客人，我们要能根据他们的身份与需求，建立健全相关服务制度，编写周到细致的服务流程，提供独一无二的服务方式。并且让全体员工知晓，这样服务才能做到周到、体贴、细致，让客人感受到便捷、重视和无微不至的温暖。很多企业针对这类特殊的客人，也都会提供最特色的高级别服务，如酒店业的“金钥匙”服务和“管家”服务，运输业的“全程”服务和“门对门”服务，对儿童、老人的托管服务等。

二是指有特殊要求的客人。客人的特殊要求，就是根据客人个性的需求，特别提出来的要求。也许我们无法满足客人的特殊要求，关键是我们能否思考如何帮助客人。

很多星级酒店都很注重提高管家式服务水平，所谓管家现在分为白金管家与皇金管家。皇金管家是英国的皇室管家，后来延伸为英式管家，一开始为白金汉宫服务，不对外，现流行于高端酒店，让我们看一个皇金管家服务的案例，这是发生在某国际大酒店行政客房的案例。某房间客人曾经提出一个要求：能不能提供一个 special（特殊的）服务，因为他在追一个女孩子。客人与心仪女孩见面的时间约在傍晚 6 时，时间非常紧。皇金管家某某与其他管家商量，以电视剧情节，配合酒店房间装饰打造了一个浪漫夜晚。他们把大量的玫瑰花瓣撒满洁白的床单、窗台、浴缸、地毯，再用花朵在床上摆出大大的“I LOVE YOU”，用餐的桌布也特地换成粉红色，还在西餐厅跟行政总厨预约了情人套餐……

当目标客人来到酒店时，刚进电梯便有一把火红的玫瑰送上，在管家静静地打开房门后，烛光晚餐、鲜花红酒……惊喜都无法形容女士脸上的表情。她当即就答应了男士的请求，在皇金管家的见证下成为了他甜蜜的另一半。知道内情后的这位女士再次和这位客人一起当面感谢了酒店的个性化服务。

以上案例其实就是根据客人的特殊要求，提供了的一次个性化的特殊服务，所以我们应该多重视、多关注客人的特殊要求，把客人的特殊要求当作一个服务关键点，在这时候才能真正体现想客人之所想、急客人之所急。如若不然，我们就会让客人失望，就会流失客户，很多时候客户流失和不能满足其特殊要求也是有密切关系的。

客人突然感冒或是生病了、客人喝醉了、客人有急事小孩无人照顾等，这些都是服务提供者经常要面临的特殊情况，只有我们及时地帮客人解决问题，才能让他感受到家的温暖，感受到服务的美好。

其实建立特殊客人的服务管理制度，建立自己的特殊服务团队，为特殊客户群体提供更贴心的服务，实际上就是我们做好个性化服务、为客人提供帮助的很好表现，关注特殊客人，时刻关注这些客人的要求，就一定能让客人感受到惊喜。

精细和周到是为特殊客人服务的基本目标；圆满美好是为特殊客人服务的最终渴望。我们要真正做到“择业爱心、敬业诚心、勤业恒心、专业细心、乐业贴心、职业用心、事业尽心”地为特殊客人提供最满意服务。

小结

◎　大多数服务产品具有以下共同特征：不可感知性、不可分离性、差异性、不可储存性和缺乏所有权。

◎　用小跑方式服务客人，是令客人陡然间产生自尊的最好方式，是对顾客地位的认可，可以帮助销售甚至是客人高额消费的达成。小跑是最佳、最恭维客人的服务走姿。

◎　服务营销的具体特点是：产品特点不同、客人对生产过程的参与、人是产品的一部分、质量控制问题、产品无法储存、时间因素的重要性、分销渠道的不同等。服务满意度 = 提供的服务 ≥ 客人对服务的期望。

◎　客人与公司存在下列几种关系：第一是伙伴关系；第二是功能关系；第三是感情关系；第四是游离关系。

◎　客人有下列几种需求：安全、省钱、迅速、尊重、舒适。

◎　调整客人期望值：降低期望值 = 提高满意度！

◎　记住客人的爱好和习惯，给客人惊喜，给客人“投其所好”的服务就是对客人最大的重视！

第七章

机

一、转危为机：投诉客人

研究表明，在25个不满意的客人中，有1个客人抱怨，24个客人不满意，但不抱怨，这24个不抱怨的客人中有6个存在严重的问题，同时这24个不抱怨的客人会向10～20人讲述他们的不满经历。也就是说，这24个不抱怨的客人会向240～480个潜在客人讲述他们不满的经历，所以失去客人是多么容易的事情。而那一个抱怨或投诉的客人，他为我们提供了最有价值的信息，让我们知道了我们服务中的缺憾，我们经常花大量的金钱聘请专业的调查公司去向客人了解我们的服务以及产品的缺憾，目的是希望及时发现和修正服务中的失误，以开创新的服务商机。从这个角度来说，投诉的客人给我们做了很大的贡献，所以我们应该感谢他。换一个角度，您会因为什么而投诉不满意的服务呢？是不是您对服务者有很强的爱，同时，您希望他更完美，也希望能够得到一个公平的解决方案？同样地，我们的客人也会因为爱而抱怨和投诉。所以，我们应该明白“抱怨是与客人沟通的生命线”，“抱怨是金”。

那么如何实现“欢迎抱怨”呢？首先我们要疏通和拓展与客人沟通的渠道，以便从客人那里听到更多的意见和建议，鼓励善意的投诉，因为“沉默”的客人是绝望的客人。

1. 投诉客人的类型

根据客人投诉所表现的形式，我们通常可以把客人的投诉分为3种类型：

（1）理智型客人投诉。理智型客人在接受服务的过程中，如果受到某种冷遇或某种较为粗鲁和不礼貌的服务，会产生不满、生气，但这种客人不会明显流露，更不会因此而发怒。这类客人多数受过良好的高等教育，既通情达理又会在发生问题时以冷静和理智对待问题。在投诉时间上，他们更多的是选择事后投诉，而较少当着其他客人的面让服务者难堪。在投诉目的上，他们更希望服务者向他们道歉并在以后的服务工作中加以改进。因而对于此类客人的投诉问题比较容易处理。对此类客人表示同情和歉意，立即采取必要的、解决他们提出的问题的措施，他们便会发出感谢之语。

（2）失望型客人投诉。失望型客人通常都是爱我们的客人，因为有了爱，所以有期望。也因为有期望，一旦我们的服务不如他意，就会有失望和伤害。偶尔的服务失误带来的伤害，客人还可以原谅我们；如果客人频繁地受到服务伤害，客人会真正地失望，甚至绝望。大多数绝望的客人已经不投诉了，他们对服务不满的表现就是永远弃您而去。还在投诉的失望型客人一般有两种心态：一是无所谓了，反正要弃您而去，正好有机会可以投诉，那就投诉吧，对投诉的处理结果没有期望；二是“死马当成活马医”，最后看看您的服务还是否有救。失望型客人投诉的主要问题是服务者在客人预定或期望的服务项目中的粗心服务，如失约。在这种情况下，会引起客人的失望、不满甚至发火。处理此类投诉问题，首先要理解他们的心情，然后再道歉并采取必要的补救措施，最后用情唤回他们的爱。

（3）发怒型客人投诉。发怒型客人在受到不热情、不周到服务，或被服务员的粗鲁言行接待，或受到冷遇时，会怒气冲冲，并以较高的怒声、不停的手势以及快速的脚步移动，与服务人员讲道理、评事由，并要求服务的提供方承认过失。发怒型客人的表现会让整个局面出现不愉快，甚至紧张的氛围；发怒型客人还会影响其他客人的情绪。但是，发怒型客人并不是最可怕的客人，这样的客人多数是“怒”来得快，去得也不慢。他们经常发怒，但可能也经常来购买您的服务。许多客人在“面子”受到伤害的时候就会发怒；还有的客人发怒与性格有关；个别客人是为了“虚张声势”而发怒。把原因找清楚，办法就出来了。

在许多国际大公司的营业大厅里，展现在客人眼前的不是服务承诺（承诺是公司员工必须了解的事情，而不是客人需要知道的，不管有没有承诺，您的服务的结果都应该是客人满意），而是客人投诉流程图，它非常详细地向客人讲解了投诉的程序和方法，那么我们的大厅呢？为什么不培训您的客人如何投诉？如果是航空公司可以在机上设置投诉手册，告知客人投诉程序和方法，以及投诉范围。

光有对客人的培训还不够，真正要实现“欢迎抱怨”的客人投诉政策，还必须在方便客人投诉上下功夫，试想一下，我爱您，我投诉您，为您做贡献，还要我费尽心思地为投诉找方法甚至负担费用，我累呀，算了吧，放弃得了。这样您就失去了再次表现的机会，失去了重要的信息和客人。所以，我们要设立免费投诉电话，让客人在没有任何负担和压力的情况下进行抱怨和投诉。

我曾经在中国移动北京公司望京营业大厅里千辛万苦找到了一个投诉电话，一个中午拨打的结果是永远无人接听。这样对待客人的投诉是为什么？仔细分析起来是不是这样几个原因：一是公司层面认为客人的投诉无足轻重，设一个电话给客人只是为了作秀，是公司的一种姿态；二是公司害怕客人的投诉，因为他们自知自己的服务存在严重问题，不用客人投诉，自己深知问题所在，没有条件或有条件也没有人想认真去解决服务中的问题；三是负责投诉、负责接听投诉电话的员工没有意识到投诉的重要性；四是员工的责任感欠缺，员工工作缺位。不管是哪方面的原因，客人与公司的言论渠道的阻隔，于客人不方便，于公司就可能是公共危机之源。

欢迎客人投诉，培训客人投诉，方便客人投诉，是中国服务者必须建立的正确的投诉观念。只有这样的投诉观念深入每一个服务者心中的时候，中国的服务才能够真正上一个新的台阶，中国的服务业才能够实现投诉率的降低。

2. 在处理客人投诉的时候，应该遵循以下的原则

一是在可能的情况下，尽量隔断投诉客人与其他客人间的联系。首先这是因为同为客人的同质性，会让其他客人本能地站在投诉客人一边，指责公司；其次是因为客人投诉的情况，一般都是我们现在服务中的不足，在知道不足后，我们会及时改进，以后再也不会出现类似的问题，所以知道的人应该是越少越好，特别是其他的客人就更没有必要知道我们的服务中将不存在的问题；最后才是最重要的一点，根据群体心理学和个体心理学理论，一个胆小如鼠的人在群体状态下可能做出惊天的冒险行为，在别人的鼓动和面子的支撑下，有些自知理亏的客人没有下台的台阶，简单的问题就可能复杂化。

二是在客人的情绪平静后，再寻求解决方案。

在药店中，总会接触到上门投诉的顾客。一位店员介绍了她的做法：

> 一天，一位顾客拿来一瓶已开启并溶化好的氨苄青霉素干糖浆，要求退药。他说，这药过去是淡黄色的，这次变成粉红色了，而且是一个厂生产的，怕是假药，因此非常愤怒。无论我怎样解释，这只是着色剂变化的原因，可男青年态度坚决，情绪高昂，非退不可，来买药的其他人也在观望。这个问题处理不好，不仅顾客不满意，对药店

声誉也会有影响。

我想了一下，请他到办公室解决问题。到了办公室，我听完他的不满和要求，待他的情绪平静后对他说，这样吧，您可以向生产厂家查询，如果药品质量有问题，我们不仅给您退货，还要加倍赔偿；如果药品质量没问题，长途话费由您负责。我提的方案顾客乐意接受，而且由他亲自查询，查询结果是厂家用了不同的着色剂。疑虑解除了，男青年不好意思地付了话费。

不管原因是什么，我们在接待来投诉的顾客时，一定要相信顾客绝不是有意找碴，要本着诚实、诚恳的态度，哪怕我们受了误解甚至委屈，也一定要尊重顾客。要避免与顾客争论，更不能顶撞顾客。耐心倾听，给顾客释放不满情绪的时间和机会，这是解决问题的关键步骤。

所以，安抚客人情绪是首位，只有在客人情绪平静后，才可以寻求解决方案；否则，您将很难让客人对结果满意。

三是用法律武器作为投诉处理的底线（尽量不正式使用），这要求我们要学习相关的法律和法规，用法律来保护我们客人和我们的共同利益。我们在对客服务的时候，不仅仅要为客人提供满意的服务产品，还得经常性地对客人进行合格客人的成长教育。客人的素质一方面是在享受越来越高素质的服务中成长起来；另一方面也是在服务者的不断服务和教育中培养起来的。中国有句老话，叫作

“无知者无畏”，有时候客人的无理常常是无知的一种典型表现，对于无知的客人，我们既不能硬碰硬，更不能撒手不管，两种方式都会让我们的服务形象受到致命的伤害。我们唯一可以做的就是耐心地教育这类客人，让他们从无知到有知，甚至成为这方面的专家，到那时，他就明白应该怎样来维护自己的合法权益而不是无理取闹。

有一年，我独自去上海参加一个会议，会议结束后想自己去普陀山游玩，于是找到了一家旅行社，并详细地询问了与旅行有关的问题，特别明确了最近几日岛上没有台风的情况，还要求旅行社的工作人员将最近 5 日岛上没有台风加进了旅游合同里。然而，很遗憾的是，上岛后平静地游玩了一天之后，就迎来了剧烈的台风，当台风把小岛袭掠一空时，旅行社的经理理所应当地以台风是不可抗力之由拒绝提供其他游览服务，还拒绝提供返回上海的交通安排，旅行团的团员们围住他吵闹不休，我却运用《合同法》《消费者权益保护法》《旅行社管理条例》等法律知识争得了自己的合法利益，享受了合同规定的所有游览服务并顺利离开海岛。同样的道理，法律也是服务提供者维护自己合法权益的重要手段。

在这里，我要提到一点，对客人进行教育时，实际上是在说服客人放弃他的错误做法。因此，我们一定要做到两点：第一，站在客人的角度，而不是您的角度。第二，尽量用客人的观点去说服客人，如果做不到，那至少要激发客人产生您的观点或让他感觉到您的观点就是他的观点，因为人很难心甘情愿接受别人的观点。经常听服务的从业者感慨，中国的服务似乎没有底线，在这里，我想告诉各位，法律是我们服务的底线，这一底线需要我们有技巧地把握。

对于处理、解决客人投诉的技巧，世界各国所采用的方法基本是一致的。我在这里引用世界最佳饭店——香港文华饭店处理宾客投诉的 6 项基本原则或称应该遵循的基本程序对此进行说明。

（1）承认宾客投诉的事实。为了很好地了解宾客所提出的问题，必须认真地听取客人的述说，以便使客人感到饭店管理者十分重视他的问题。在客人投诉时，饭店宾客关系部主任或大堂副理应全神贯注地倾听他的意见，与此同时，要目视客人，不时地点头示意，让客人明白“饭店管理者或宾客部主任在认真听取我的意见”，听取客人意见的饭店代表要不时地说：“我理解，我明白，一定认真处理这件事情。”

为了使客人能逐渐消气息怒，饭店宾客关系部主任或大堂副理要用自己的语言重复客人的投诉和抱怨内容，如果是认真的投诉客人，饭店在听取客人意见时，要做一些听取意见记录，以示对客人的尊重及对其反映问题的重视。

（2）表示同情和歉意。如果客人在谈问题时十分认真，作为饭店的宾客关系部主任或大堂副理，或值班经理，就要不时地表示对客人的同情，如：“我们非常遗憾，非常抱歉地听到此事，我们理解您现在的心情……”等。

（3）同意客人要求并决定采取措施。当您是大堂值班经理或是饭店的宾客关系代表时，您要完全理解和明白客人为什么抱怨和投诉，同时决定纠正错误之时，一定要让客人知道并同意您要采取的处理决定及其具体措施内容。如果客人不知道或不同意您的处理决定的时候，就不要盲目采取行动。

（4）感谢客人的批评指教。一位明智的饭店总经理会经常感谢那些对饭店服务水平或服务设施水准提出批评意见的客人，因为这些批评指导意见，或抱怨，甚至投诉，会协助饭店提高管理水平和服务质量。假若饭店不知道客人为什么不满，那就无从改进和提高管理水平。

（5）快速采取行动，补偿客人的投诉损失。当客人完全同意您作为饭店大堂值班经理所要采取的改进措施时，您就要即刻行动，一定不要拖延时间。耽误时间只能进一步引起客人的不满。此时的时间和效率就是对客人的最大尊重，也是客人此时的最大需求。

（6）要落实、监督、检查补偿客人投诉的具体措施。处理宾客投诉并获得良好效果，其最重要的一环便是落实、监督、检查已经采取的纠正措施。首先，要确保改进措施的进展情况；再者，便要使服务水准及服务设施均处在最佳状态；最后，再用电话询问客人的满意程度。对待投诉客人的最高恭维，莫过于对他的实际关心。有许多对饭店富有感激之情的客人，都是那些曾投诉并得到满意处理的客人。

投诉客人的最终满意程度，主要取决于对他公开抱怨以后的特殊关怀和关心程度。服务的良好口碑及其社会名气也是来自服务者本身的诚实、准确、细腻的感情服务。

二、转危为机：达成一致

达成一致需要智慧、时间，达成一致是利益博弈后的结果之一。许多时候要与客人达成一致，既要说服客人调整自己的一些想法和利益，还要我们放弃一些利益，更多的时候需要我们的同理心、爱心、责任心和智慧，在明了客人需求的情况下，在调整不同情绪的客人的心态下，创造性地解决客人的问题，最后的解决方案既让客人满意，也让我们满意，这就是与客人达成一致的技巧。

1. 与愤怒的客人达成一致

您是否曾经遇到过这种情形：客人非常的不理性或者愤怒，他拒绝任何合乎逻辑的建议。这里有 7 个建议，使您能够让他的情绪逐步平复下来并和您达成一致。

（1）合作。首先您需要找一个双方都认同的观点，比如说："我有一个建议，您是否愿意听一下？”这么做是为了让他认同您的提议，而这个提议是中立的。

（2）了解客人真实想法。“您希望我怎么做呢？”通常我们自以为知道别人的想法。我们认为我们有探究别人大脑深处的能力。为什么不问一下对方的想法呢？只有当对方描述他的想法的时候，我们才能真正确定，才可能达成双方都接受的解决方案。

（3）转移客人注意力。这是一个小的获得认同的技巧，是一个经验丰富的一线服务者告诉我的。当接待情绪激动的客人时，他会请求客人随手递给他一些诸如回形针、笔和纸等东西，当客人递给他时，他便马上感谢对方，并在两人之间逐步创造出一种相互配合的氛围。他使用这个方法好几次，每次都能有效地引导客人进入一种相互合作而达成一致的状态。

（4）征询满意的处理意见。现在您了解他的情况了，您可以抓住扭转局面的机会利用他施加给您的压力。您可以说：“我很高兴您告诉我这些问题，我相信其他人遇到这种情况也会和您一样的。现在请允许我提一个建议，您看这样处理是否合您的心意……”

（5）探询“需要”。通常您在问对方问题时，对方总是会有答案的。如果您问他们为什么，他们就会把准备好的答案告诉您。但是，只有您沿着这个答案再次逐项地追问下去，他们才会告诉您真正的原因，您才会有满足客人“需要”的方案。最好的探询需要的方式是多问几个“为什么”。

（6）管理对方的期望。在向他说明您能做什么、不能做什么时，您就应该着手管理对方的期望了。不要只是告诉他您不能做什么，比如："我不能这么做，我只能这么做。"大多数人所犯的错误是告诉对方我们不能做什么。这种错误就好像是您向别人问时间，他回答您："现在不是11点，也不是中午。"请直接告诉客人他到底可以期望您做些什么？

（7）感谢。感谢比道歉更加重要，感谢他告诉您他的问题，以便您更好地为他服务；感谢他指出您的问题，帮助您改进工作；感谢他打电话来，您觉得和他沟通很愉快。客人的抱怨往往起源于我们的失误，客人的愤怒往往起源于我们的冷漠和推诿。所以他打电话来之前会预期这将是个艰苦的对决，而您真诚的感谢大大出乎他的预料，他的情绪也将很快得到平复。

2. 与不同行为风格的客人达成一致

开朗性是一个人愿意说出内心正在发生的情况的程度。开朗的人是非常注重关系的。

把直接程度和开朗性结合在一起来看，人可分为四种基本的行为风格：侃侃而谈者、擅长交际者、颐指气使者以及三思而行者。

（1）间接而开朗的人是侃侃而谈者。侃侃而谈者热情，有与其他人建立有意义的关系的能力；他们是极好的合作者，愿意服从；但他们过于关心关系，对其他人的情感和需要敏感，并过分受后者的影响；他们希望维持现状。

服务者在向他们服务的时候：要发展信任和友谊，不但要研究技术和业务上的需要，而且要研究他们在思想上和感情上的需要；坚持定期保持联系；如果服务者提出一个具有重大改变的计划，他们很可能要求重新考虑，或提出一个改变较少的计划。

（2）三思而行者也是间接的人。三思而行者倾向于精确、效率高和有条理；他们也是郁郁寡欢的人；他们把注意力首先集中于任务，他们以任务为目的，能坚持在别人看来可能是乏味的工作；他们往往被认为过于注重任务以及过于缺乏热情和不受个人情感影响；他们和侃侃而谈者一样，倾向于缓慢行动。

服务者在向他们服务的时候：要做好准备，并且要有回答全部问题的准备；实事求是，合乎逻辑地研究情况，提出大量明确的问题；为他们提出合理的解决办法，说明您的建议是顺理成章的；给他们思考的时间，提供文件证明；通过充分的服务及有始有终的行动来向他们保证；要慢慢来，并且要集中谈论手中的生意，要谈论细节。

（3）颐指气使者是郁郁寡欢的人；是重任务的、直接的人；他们对冒险不介意，愿意做出自己的决定；有直截了当和迅速完成任务的能力；固执，对别人冷淡和不关心。

服务者在向他们服务的时候：应当向他们提供选择，然后由他们来决定；有计划有准备，要中肯；会谈时迅速点明主旨、击中要点，保持条理性；研究他们的目标和目的，想得到什么，目前情况如何，希望如何变化；提出解决办法，要明确说明与其目标特别相关的结果与好处。特别要记住，他们重视任务的程度比重视关系的程度大得多。因此，与感情相比，他们更加注意事情本身。

（4）擅长交际者是直接的人。擅长交际者的长处在于热情及幽默。他们能迅速把人们争取过来。他们很容易适应一个变化的局面，不管话题是什么，总有话可讲，而且常以令人感兴趣的方式把话讲出来，他们的注意力常集中于人际关系。其弱点是优点的延伸，有时表现过甚，被视为矫揉造作或"装腔作势"，不注意细节，对任何单调的事情或必须单独做的事情都容易感到厌烦。

服务者向他们服务时：要努力使客人兴奋、激动；要把时间和精力集中在最精彩的部分上，而且要描绘壮丽远景，不要争论，不要协商细节或将注意力集中在细节上；让他们有时间讲话，尽量赞成其想法、意见，不要催促讨论；书面归纳确定双方商妥的问题；使服务谈话有趣并迅速推进。

服务者对这四种性格了解越多，服务就越容易，就会越懂得如何接近他们，如何与他们打交道，如何在与他们的交往中获得成功。

一个人的行为不是一成不变的。每一个人的性格都可能包含上述几点。服务者在一个特定时间所看到的行为使自己知道对方在那一刻的需要是什么，服务者要总是及时地对在那一时刻所看到的行为风格做出反应。

四种性格类型各有其最基本的需要。颐指气使者的需要是完成任务，擅长交际者想要被人注意，三思而行者关心准确性，侃侃而谈者想要维持基本关系。

为了适应这些需要，服务者就要发挥其行为灵活性，也就是说要使自己的行为恰如其分地适合于客人的需要。服务者要学会用客人希望被对待的方式向他们服务，要学会调整自己的行为、时机选择、信息、陈述以及要求成交的方式，以便使自己的行为适合于对方。

3. 与“噩梦”般的客人达成一致

根据最新的调查，从事面对面客人服务的工作者认为最难缠的客人是以下四类人：

固执的怪人。这种客人不关心问题的解决，而是“为了投诉而投诉”。他们的座右铭是“我是对的，你是错的”。他们尽全力去证明自己是对的，而对方是不合格的服务者。固执的怪人占难缠的客人中的36%。

唠叨者。这种客人只会不停地唠叨。完全不理会什么解决方案，他们对表达自我有着异乎寻常的强烈需求。唠叨者占难缠的客人中的17%。

妄自尊大者。这类客人总是期望您立即放下所有的事情去为他解决问题。如果您已经帮他把问题提交到处理程序中，他打电话过来催问的次数比一般人多三倍。妄自尊大者占难缠的客人中的34%。

我要找你老板！这类客人遇到问题总是立即要求找你的主管，让你觉得好像自己是个白痴。“如果你不能给我想要的，那么我肯定你的老板会给我的。”他们总是问：“你老板在吗？”或“你来这家公司多久了？”这类人占难缠客人中的11%。

另外还有2%的人是在遇到某些偶发事件和非常状态时很难缠。

（1）当您遇到以上这些客人时，请采用以下三个步骤：

第一步，管理对方的期望。

告诉对方需要等待一段时间，因为在他前面有事情在忙着。在迪士尼乐园，如果游乐玩具前面排起长龙，那么计时器就会显示最后一位等候者到可以玩上游戏需要等多久，而这个时间往往比真实情况多出 10 分钟。高级餐厅服务生会在点完菜后会说："请您稍等片刻。"在酒店里，您会被告知："您的房间将在 11 点打理好。"

第二步，给他一个理由。

研究表明，人们更容易接受被告知缘由的问题，而很难接受连起因都不知道的问题。一家电脑打印机厂家的客服是这样处理一个投诉的：一个客人打电话来抱怨打印机打出的颜色不对，这种情况已经持续 3 天了。客服代表告诉他是因为天气的原因，客人很不满意，他要求一个明确答复，什么时候可以解决他的问题。这时客服代表继续解释道，造成这种情况是因为打印机周围的湿气太大，如果他希望尽快解决这个问题，去购买一台空气干燥机就可以了。您有用这种简单易行的回答去解决过客人的一般性抱怨吗？

第三步，称赞他们的耐心。

告诉对方您感谢他的合作或感谢他的理解。当您感谢某人或者称赞某人的时候，您就打开了合作的大门。尽管我们的客人并没有耐心，尽管他们根本就不与我们合作，但我们依然要称赞他们的耐心，感谢他们的合作。这样的称赞和感谢具有梦幻般的效力。有一个航空公司的地服经理曾经告诉我：

某年春运高峰的时候，由于天气（大雾）原因，该机场所有航班延误，机场里面人山人海。我们的地服人员跑前忙后地为滞留客人服务。在经过几小时的等待后，机场天气还没有改变。此时，个别客人开始失去理智，高呼“我要回家”等口号，这样的情绪在机场蔓延。服务人员的服务和解释非但没有平息客人的情绪，反而让“噩梦”般的客人更加亢奋。眼看着客人的情绪在失控，危机即将爆发……

在这关键的时候，地服经理用“感谢你们的理解和支持”“谢谢你们对我们工作的配合”“你们是最有耐心的客人”“你们的耐心让我们民航人非常感动”“有你们的支持，中国民航一定会发展得更好”等语言，不仅平息了一场风波，甚至让个别客人事后对自己的表现感到羞愧，还主动向地服经理表达了歉意。

“称赞他们的耐心”和“感谢他们的支持”类似于心理学上的“催眠术”。对您的客人催眠，使他们乐意与您合作。

（2）在对这样的客人服务时，要注意避免下列错误：

幽默。尽管您和对方已经慢慢熟悉起来，但在您还没有看到能够使双方都满意的结果之前，不要去搞笑，这有损您的专业形象。

“尽人皆知”综合征。有些事对您可能是常识，但不是每个人都和您一样。一个客人向零售店退回一部寻呼机，因为它无法正常工作。当客服代表检测时发现，它是好的。原来客人学会了打开电源，以及如何阅读信息，但是并不知道，当没有人发信息给他的时候，寻呼机不会显示任何信息。许多时候，我们知道的事情和规定，客人并不知道或无法获知。因为我们是业内人士，我们每天所从事的工作都是这些内容。但是，请不要想当然地认为：客人也像我们一样，知道所有的事情。

说得太多。说得太多是客人服务的大忌。当你说呀说呀的时候，接下来会发生什么？客人开始问越来越多的问题，当客人问到连你也无法解释的问题的时候，你就会被认为是不合格的。请注意，当别人在仔细听你说话的时候，他也会在随后反对你。

三、转危为机：道歉技巧

有道是“知错就改”，人不怕犯错误，却怕不承认过失，明知故犯。在对客服务中，倘若自己的言行有失礼或不当之处，或是打扰、麻烦、妨碍了别人，最聪明的方法，就是及时向对方道歉。道歉的好处在于，它可以冰释前嫌，消除客人对自己和公司的恶感，也可以防患于未然，为自己留住知己、赢得朋友，为公司留住忠诚客人。

当我们遇到更复杂的情况时，我们怎样能够有效地道歉，不仅使自己脱离困窘，也让他人真正地感受到自身的歉意，并且使大家能够和好如初呢？

首先，你必须先承担责任。如果您不是真心地道歉，每个人都看得出来。道歉不是一种为自己狡辩的伎俩，更不能用来骗取别人的宽恕，您必须要感到自责，勇于承认过失，才能够真心地道歉。

事实上您的过失并不是您真正做错的那件事情，大多数时候，更主要的过失是您伤害到了他人。当您迟到的时候，一句“我对没有尊重您的宝贵时间感到抱歉”比“我忘记打电话告诉您我要迟到了”要有效得多，而后者也只会给您带来更多麻烦。

不要找借口。如果您犯了错误，就要承担这个责任。即使有的时候真的是有一些误会或者客观因素掺杂其中，但当下也不是解释的时候。如果您一定要解释，您也要承认您错误的部分并且承担这个责任。“……但是有些部分我还是要和您确认一下这样做是否合适。”

集中于您自己的错误。道歉要坚决杜绝集中于对方的不快的道歉形式，例如“我很抱歉，您和我在一起似乎并不很快乐”或者“我很抱歉，对于这件事您竟会如此疯狂”。这种说法更多地像是在推卸自己的责任。您的道歉一定并且只能够集中于您自己犯的错误或是您的失败。

要考虑到您的行为可能造成的后果：也许您不认为您的做法会引起如此大的反应，但预警依然是很重要的一点。

情感预警：“我知道您对我们很失望。”“我没有要和您找麻烦的意思。”“我知道您现在对于我的事情很生气。”

其他预警：“我知道您在耐心等待。”

试着补救：有些错误是不难补救的，但在您道歉的时候仍要着重于您先前犯的错误。而有些事情却很难挽回，这时候您就要尽全力试着弥补。另一种补偿方式就是要确保您以后绝不会再犯同样的错误，这有时候也是一种很有效的补救。

询问您还能够做些什么以补偿。“我还能够做些什么来挽回您对我的信任？”“还有没有更好的解决办法？”（注意：“对于这件事您还想要我做什么？”在这种情况下可不是个好说法。）

以上就是三个最基本、最重要的步骤了。您一旦掌握这些原则，就可以在您的道歉中根据不同事件加入一些商量、解释或者交流的内容，但基本结构是不变的。

只要您能够承担责任、考虑后果，并且竭力弥补，那就会是一个很有效的道歉，别人就会因此感受到您的歉意。

当然，有些人是很难交流的，即使是最真诚的道歉也不会动摇他们；有些事情是人们不能原谅的（但这不意味着您就可以不去道歉了，只不过是事情怎样都无可挽回了）；也有些时候您必须要不甘心地道歉，这时候我建议只留下一句“我真的很抱歉”就好了。世上没有后悔药，我们能够做的只是尽力去弥补过错，这就是我所知道的最好的道歉方法了。

在上述道歉方法的基础上，道歉的语言也非常重要。在对客服务中，需要掌握的道歉技巧，有下面儿点。

第一，道歉语应当文明而规范。有愧对他人之处，宜说：“深感歉疚”“非常惭愧”。渴望见谅，需说：“多多包涵”“请您原谅”。有劳别人，可说：“打扰了”“麻烦了”。一般场合，则可以讲：“对不起”“很抱歉”“失礼了”。

第二，道歉应当及时。知道自己错了，马上就要说“对不起”，否则拖得越久，就越会让人家“窝火”，越容易使人误解。道歉及时，还有助于当事人“退一步海阔天空”，避免因小失大。

第三，道歉应当大方。道歉绝非耻辱，故而应当大大方方，堂堂正正，完全彻底。不要遮遮掩掩，“欲说还休，却道天凉好个秋”。不要过分贬低自己，说什么“我真笨”“我真不是个东西”，这可能让人看不起，也有可能被人得寸进尺、欺软怕硬。

第四，道歉可以借助于“物语”。有些道歉的话当面难以启齿，写在信上寄去也成。对西方妇女而言，令其转怒为喜、既往不咎的最佳道歉方式，无过于送上一束鲜花，婉“言”示错。这类借物表意的道歉“物语”，会有极好的反馈。

第五，道歉并非万能。不该向别人道歉的时候，就千万不要向对方道歉。更重要的，是要使自己此后的所作所为有所改进，不要言行不一、依然故我。让道歉仅仅流于形式，只能证明自己的服务缺乏诚意。

四、转危为机：服务补救

服务补救，实际上是服务危机发生前，针对服务过程中的失误进行的再服务。服务补救过程实质上是危机的预防过程，通过服务补救可以最大限度地避免服务危机的出现。

在日复一日的服务过程中，失误总是难免的，而针对服务失误进行有效的服务补救，改善和提高服务质量，则是服务企业获得差异化竞争优势的重要手段。虽然导致服务失误的原因是多方面的，但无论如何服务企业必须正视并承认问题的存在，向客人解释道歉，使服务失误所带来的负面影响减少到最低限度，并向客人做出带有补救性质的第二次服务，即我们通常说的第二次表现，这是维持客人忠诚度和满意度的一种方法。

服务补救不仅仅能补救服务的裂缝，增强服务企业与客人的良好关系，还能为服务企业提供有价值的改善服务的信息资源。这些信息显示了服务管理中存在的缺陷，通过修正这些缺陷可使有些“服务补救”现象不再出现。服务补救的意义还在于可以避免重大公共关系危机的局面出现，因为由于服务失误，客人在发泄心中不满的过程中可能会引起与服务企业的纠纷，如果不能妥善解决，客人就会借助政府和媒体的力量以寻求心理平衡。这些往往会导致服务企业公共关系危机的形成，增加服务补救成本支出，损害企业形象。

为了做好服务补救工作，最有效的方法就是服务人员能够主动承认存在的问题，向客人道歉。服务企业的一系列服务补救政策是一线员工解决服务问题的有效方法，如将服务升级、退款、补偿等。恰当、及时和准确的服务补救可以减弱客人的不满情绪，部分地恢复客人的满意度和忠诚度，甚至可以变坏事为好事。因此建立服务补救系统，授权员工解决服务失误是非常重要的。

服务补救应以预防为主、补救为辅。如果失误已经出现，只能事后补救，但失误发生之前应作充分准备。服务补救应本着以下策略：

1. 及时性策略。进行服务补救关键是要做到快速反应，反应越快补救效果越好，否则没有得到妥善解决的服务失误会很快扩大并升级。

2. 区分不同客人的策略。服务企业的客人形形色色，其中会有“问题客人”，这些客人会对我们的任何服务补救都不太满意，他们的数量不大却很为我们所困惑，这些“问题客人”我们要以特别的补救方法来对待。我们要针对可能出现的服务失误进行服务补救训练，培训员工如何听取客人的抱怨，处理人际关系，提高随机应变的能力、选择解决方案的能力和使用授权的能力等等。

服务补救与客人抱怨管理是有所不同的。客人抱怨管理一般是等到一个服务过程结束后才发生，而服务补救具有实效性的特点，且必须是在服务失误出现的现场进行。如果等到一个服务过程结束，服务补救的成本就会上升，补救的效果也会大打折扣。其次服务补救具有主动性的特点。客人抱怨的一个明显特点是：只有当客人进行抱怨时，服务企业才会采取相应的措施，安抚客人直至客人理解、满意。这种“不抱怨不处理”的做法严重影响了客人对服务企业的满意度和忠诚度。而服务补救不同，它要求服务提供者主动地去发现服务失误并及时采取措施解决失误，这是一种前瞻性的管理方法，如航班超售补救、客舱服务设施故障补救。在有效地平衡服务企业和客人利益的同时，服务补救可以留住可能流失的客人。同时服务补救是一项全过程、全员参与的管理工作。一般来说服务补救还具有鲜明的即时性，企业授权一线员工在服务失误的发生现场及时采取补救措施，而不是由专职人员来处理客人抱怨。

对于服务企业来说，强调“一次成功”是必要的，但这还远远不够。原因很简单，服务与有形产品不同，由于服务的提供与享用的同时性和服务的差异性，决定了服务无法实现高度的标准化。所以，在注重“一次成功”的前提下必须关注“二次成功”。

服务补救既是一种让客人满意的观念，更是一种竞争策略。客人至上已不再是一句流于形式的对外的宣传口号，它已成为企业从客人的感受中不断调整、改进自己的服务产品质量，发掘和发现企业的经营空间，提升客人满意度和企业知名度的一种经营战略。

在日复一日的服务过程中，失误总是难免的，在服务失误发生的时候，是简单地处罚员工和相关人员，还是先及时地做好服务补救，不仅反映出服务管理者的管理理念，更反映出服务企业对待客人投诉的态度。

面对服务失误，第一时间做出积极的反应，第一时间承认失误的事实而不是解释，第一时间向客人表达歉意，第一时间改正服务失误，这就是针对服务失误进行的有效服务补救。虽然导致服务失误的原因是多方面的，但无论如何服务企业必须正视并承认问题的存在，并向客人解释道歉，使服务失误所带来的负面影响减少到最低限度。向客人做出带有补救性质的第二次服务，即我们通常说的第二次表现，是维持客人忠诚度和满意度的一种方法。

五、转危为机：危机处理

当服务出现危机的时候，我们通常要想办法尽快让危机过去，让服务尽快回到正常的轨道上来，这就是人们通常认为的危机公关。但是，危机公关专家们往往忽视了危机背后积累已久的问题。

如果把一只青蛙扔进沸水中，青蛙会马上跳出来。但是如果把一只青蛙放入凉水中逐渐加热，青蛙会在不知不觉中失去跳出的能力，直至被热水烫死。这就是问题管理中的青蛙原理。服务中的问题也是这样，服务企业内部的一些小问题日积月累，就会使服务在某日突然爆发危机。所以，冰冻三尺，非一日之寒，危机管理的重点应该放在平时的服务问题管理上，将可能导致危机的各种问题消灭在萌芽状态。

当然，如果我们还是没有将危机控制住，服务危机依然爆发了，我们千万不要过度反应：过犹不及。在危机发生后，要告诉自己：

镇定，镇定，再镇定！让自己在对事实做出了解后，再做出适当的反应。在与公众或媒体沟通的过程中，一定要确定自己的“反应度”，不要过度反应。否则可能会人为地把事情闹大。

2002 年 9 月 16 日《中国电脑教育报》第 485 期中发表了《当心耕升显卡退化》的文章。当天下午，耕升负责北京市场推广工作的销售经理在草草打了一个电话质问了《中国电脑教育报》的一位部门主管之后，便很冲动地写了一篇关于耕升 4500 T 显卡不存在问题的澄清文章，并且发到了 PCPOP.com 上。结果“此地无银三百两”，将此事搞成了圈子里人人都知道的事件了。至此，耕升显卡的“造假”新闻终于被彻底地扩大，导致耕升显卡成为了众多媒体竞相批判的对象。

事情发生不久，耕升就发布了一款产品，说是与之前出问题的产品不一样了。当这款产品上市之后，立即被媒体予以高度关注，结果发现资料参数与产品的实际功能根本不相符合，因此彻底丧失了消费者的信任。

实际上《中国电脑教育报》的本意只是想从一个客观的立场对耕升显卡做一个评论，并不想让事件扩大。但是，耕升的销售经理过于激动，一有风吹草动，便如临大敌，下意识要进行全方位的你死我活的搏斗，结果在没有对事态做正确评估之前，便贸然出手，把一件小事情弄得满城风雨，欲罢不能。可以说是耕升区域经理的过度反应害了耕升。

对危机的反应要适度的根本原则就是——该说就说，不该说的时候要立即闭嘴!

把危机转化为生机服务作为服务营销理论中的一个新概念，已被越来越多的服务领域所重视。无论我们多么努力，危机还是会不可避免地发生。这样的情况不论是对企业还是服务者个人都是残酷的。许多企业在这样的危机打击下彻底地垮掉了，但是，也有许多企业在危机的处理中使企业重获新生。因为危机是危险，更是转机，当您很适当地处理危机时，机会自然而然会随之而来的。例如泰利诺头痛胶囊就是一个很好的典范，它诚实地面对并尽可能地解决问题，将很糟糕的情况彻底转换，让消费者觉得被重视，这样，消费者还是会愿意购买它，因为它表现出了对消费者的关心和承诺，并且努力开发出更好的药。在危机中展现对消费者的重视，机会就在此。

那么，我们应该怎样来处理我们的危机，使我们的服务能够“绝处逢生”呢?

1. 在员工中进行危机教育，树立强烈的“危机意识”

中国有一句古话：“生于忧患，死于安乐”，意思是，人要有忧患意识！用现代的流行语言来说，就是要有“危机意识”！

一个国家如果没有危机意识，这个国家迟早会出问题；一个企业如果没有危机意识，迟早会垮掉；个人如果没有危机意识，必会遭到不可测的横逆。

伊索寓言里有一则这样的故事：

> 有一只野猪对着树干磨它的獠牙，一只狐狸见了，问它为什么不躺下来休息享乐，而且现在没看到猎人！野猪回答说：等到猎人和猎狗出现时再来磨牙就来不及啦！

这只野猪就有“危机意识”！

2. 公众利益至上：力挽危机于狂澜

几年前，许多业主入住现代城后，发现屋子里有一股尿的味道，发展商经过仔细调查，发现是由于在冬季施工的时候水泥里都放一种添加剂，它在夏天的时候会释放出氨气，从而使整个房间几乎成了WC。100多家业主集体要求发展商给予一个妥善的解决方案。《北京青年报》等媒体迅速曝光此事。潘石屹立即解释缘由并发表公开声明：愿无条件退房，并返还双倍同期银行利率，同时向业主写信诚恳道歉。反应之快，姿态之低，赢得了舆论的好感，最终平息了众怒。经此一事，现代城的名声大噪，潘石屹“连本带息无理由退房”的做法在社会上引起了很大的轰动，一拨又一拨的客人涌向现代城。一场重大的销售危机就这样转变成了机会。

崇拜潘石屹的人都想了解他危机公关的秘籍，潘石屹说他的法宝就是说真话。无论面对公众，还是面对媒体，都要坦诚。

“说真话，赶快说！”这是危机转变为生机的法宝。

3. 重视危机沟通

一旦危机与您相遇，不要去躲避和推卸责任，而应该以积极、开放、诚恳、负责的心态，第一时间发布消费者和媒体所关心的信息，用正面信息压制负面影响及市场歧义。

在这个过程中，您可能需要一致的传播口径（可能牵涉到设立统一的新闻发言人），需要让企业的负责人出面以表明自己对事件的重视程度和妥善处理问题的诚恳态度，需要借助政府相关部门、相关协会及组织的影响力，这就是危机沟通。

危机沟通是危机公关的核心。危机沟通的作用是：帮助客人理解影响他们的生命、感觉和价值观的事实，让他们更好地理解危机，并做出理智的决定。危机沟通不是只告诉人们您想要他们做的事，更重要的是告诉他们，您理解他们的感受。在危机沟通时要注意两个原则：

（1）要诚实。建立信任是与客人进行危机沟通的最重要的基础。信任是来自很多方面的，最重要的是诚实。“9·11”事件后，纽约市长朱利安尼向公众承认他也害怕，他也不知道下一步会发生什么事，他的痛苦是诚实的，也是真实的。他没有试图控制公众的情绪，也没有试图保持完全的冷静。这样反而使公众更信任他，使他能更有效地帮助公众消除过分的忧虑。诚实和公开有助于建立信任，使危机沟通更有效。

（2）要尊重客人的感受。客人的恐惧是真实的，客人的怀疑是有理由的，客人的愤怒是来自内心的。这是事实。我们永远不要形容客人太不理智，永远不要忽略和漠视客人的真实感受。否则的话，不仅不会使他们平静下来，还会丧失他们对您的信任。通常导致危机沟通失败的几个原因是：批评人们对于危机的本能反应；不接受恐惧的感情基础；只注重事实，不注重人们的感受。

1. 危机处理的公众攻略

危机处理的公众攻略可以概括为 4 “S”：

（1）Sorry。公众不仅关注事实真相，在某种意义上更关注当事人对事件所采取的态度。事实上，90% 以上的危机恶化都与当事人采取了不当的态度有关，比如：冷漠、傲慢、敷衍或拖延。

有一则寓言是这样的：很多山羊被牧羊人赶到羊圈里。有一只山羊不知在吃什么好东西，单独落在后面。牧羊人拿起一块石头扔了过去，正巧打断了山羊的一只角。

牧羊人吓得请求山羊不要告诉主人。

山羊说：“即使我不说，又怎能隐瞒下去呢？我的角已断了，这是十分明显的事实。”

这个寓言说明，不要试图去隐瞒事实。这也是危机管理中公众攻略的核心。

公众是企业经营活动的现有或潜在的对象。危机本身也许只涉及公众很少一部分，但是潜在地会影响到所有的消费者，因为他们会据此重新判断企业产品或服务的价值。公众会积极地关注着企业公关的每一个举措，“听其言，观其行”，并做出反应和评价。因此，在危机发生后，企业应以最快的速度与受害者接触，冷静地倾听受害者的意见，向受害者道歉，给受害者以安慰和同情，诚恳地对待受害者及其家属，并积极查明事实真相，给各方以圆满的答复，履行企业的社会责任与承诺，并尽力做出超过有关各方所期望的努力。

20世纪70年代末，美国“FIRST”公司生产的500系列防滑轮胎问题不断，光投诉就超过14 000起。但该公司直到美国公路交通委员会施加压力后，才勉强撤回了这批产品。它的这种态度激怒了消费者，其市场份额由此也下跌了好几个百分点。

20世纪90年代，普通消费者王洪首先是被恒升笔记本电脑工作人员的傲慢和敷衍的态度激怒、最后不得不在网上开办个人网站来维权。恒升将王洪送上了法庭，并索赔巨款。最后虽然恒升赢了官司，却失掉了企业的公众形象，当然也失掉了市场。

（2）Shut up。务必闭嘴。始终把企业形象放在首要地位，了解公众，倾听他们的意见，确保企业能把握公众的情绪，并设法使观众的情绪向有利于自己的方面转化。

不要和消费者争论，永远不要和公众去辩论谁对谁错。

1999年微软原总经理吴士宏因个人原因离职，通过媒体曝出了很多微软的内幕，令微软十分被动，当时微软制定的策略就是“打不还手，骂不还口”。

这件事情之后，公众对微软的评价不但没有降低，反而有一部分公众对吴士宏有了微词，甚至有公众认为吴士宏不具有一个职业经理人起码的道德。

1994 年，英特尔公司推出奔腾处理器。一位大学教授发现，奔腾芯片在浮点运算上存在问题：在 90 亿次除法运算中可能出现 1 次错误。于是他联系英特尔公司，报告了他的发现。但公司对其产品极有信心，竟然礼貌地否定了该教授的发现，于是这位教授转向因特网去求证他的疑问，结果在网上引发了近万条讨论，其中包括大量对英特尔尖刻的嘲讽。对此，英特尔公司根本不当回事，认为这是小题大做，因为即使是那些经常进行浮点运算的用户，每 27 000 年才会遇上一次计算错误。这比芯片出其他问题的概率要小得多。但是媒体和公众却没有就此罢休，他们认为英特尔贪得无厌、专横傲慢，没有解决问题的诚意。最后，英特尔终于意识到，试图从技术的角度来对抗消费者是徒劳的和危险的。最后，英特尔不再做技术上的解释，而是宣布为所有要求更换芯片的用户更换芯片。为此，英特尔整整花费了 5 亿美元。但实际上，只有 1%～3% 的用户真的换了芯片。“浮点事件”告诉我们：企业没有资格评价自己产品的优劣，用户是否感到满意并不仅仅取决于数据，更取决于企业对消费者的态度。尘埃落定后，英特尔公司再次证明了对客人的关心以及对技术创新的执着，公司的声誉得到明显提高。

在危机发生后，闭上我们的嘴比滔滔不绝地辩解更能够赢得公众的同情和支持。

（3）Show。值得注意的是，沉默并不是金。之所以闭嘴，是不与消费者争辩。但务必重视与消费者的沟通，建立有效的沟通渠道，与新闻媒体保持良好的合作关系，主动把自己所知道和所想的事情尽量展示给公众，不要试图去愚弄公众。否则，会给人留下傲慢和不尊重消费者的形象。

有句谚语叫“防人之口，甚于防川”。处理消费者投诉的核心是建立畅通的消费者反馈与投诉渠道，鼓励消费者把心中的牢骚、怨恨讲出来，减轻其心理负担，然后妥善而诚恳地向其道歉，平息其气愤的情绪，让问题在企业内部公开化，防止新闻媒体的人为炒作，同时避免问题在社会上公开化，将危机消灭在萌芽状态。比如：

①开通消费者热线。消费者热线是与消费者沟通信息、接受消费者投诉、树立企业形象的第一关。通过热线倾听消费者的意见和建议，化解消费者的不满情绪，正确处理来自公众的猜疑和批评，会化干戈为玉帛。

②通过新闻媒体表明事实真相，以及自己的态度和行动。

③热情接待消费者团体（如消费者协会等）及其代表。作为消费者利益的代表者，消费者团体及其代表往往在新闻界更有发言权，能起到舆论领袖的作用。因此企业必须重视消费者团体及其代表并与之合作，争取他们的谅解与支持，并予以妥善接待，千万不可把村干部不当官，激化矛盾，横生枝节。

④面谈。见面三分亲。面对面沟通是化解冲突，从而争取互相谅解的有利方式。一定要站在消费者的立场考虑问题，多倾听消费者的不满与苦衷，回答他们关心的问题，听取他们的意见，消除他们的疑虑，对其表示同情与安慰。

⑤和销售渠道保持紧密联系。通过销售渠道，以书面材料或口头表达的方式向消费者进行解释，化解其疑虑。

2000年11月15日，中美史克PPA事件爆发。为了安抚消费者，全国各地的50多名销售经理被迅速召回天津总部，然后带着中美史克《给医院的信》《给消费者的信》回到各自区域，向医院和消费者进行说明。同时，公司专门培训了数十名专职接线员，负责接听来自客人、消费者的问讯电话，做出准确专业的回答以打消其疑虑。11月21日，15条消费者热线全面开通。11月20日，中美史克公司在北京召开了新闻媒介恳谈会，称“维护广大群众的健康是中美史克公司自始至终坚持的原则”，给消费者留下了非常好的印象。

（4）Satisfy。使消费者满意。“公众利益至上”是公众攻略的根本。我们会原谅一个犯错误的人，但不会原谅一个不承认错误的人。因此企业必须勇于承担自己的责任，以赢得消费者的信赖和支持。为了使危机公关令消费者满意，我们要：

①在危机处理过程中，由专人与危机受害者接触。

②了解和确认受害者的有关赔偿要求，向受害者及家属公布企业的赔偿办法和标准，并尽快落实。

③如受害者家属提出过分的要求，要大度、忍让，切不可发生口角和争执，更不能指责受害人家属。

④公关人员要站在受害者和企业双方的立场进行协调，争取对方的同情、理解和原谅。

⑤应在合适的场合与受害者单独进行沟通，让受害者感受到我们

的诚意。在沟通时的让步应该有分寸，如果要拒绝对方某些要求的话，一定要注意方式与方法，忌简单粗暴，尽量避免激怒受害者。

⑥做好善后服务。由企业领导人进行慰问与看望，并尽可能提供受害者所需的服务与帮助。

⑦应尽快处理投诉。消费者在长久等待却毫无结果的情况下，必然会失去对企业的信任，转而寻找别的途径表达不满。

1989年3月24日，美国埃克森公司(美国500家大公司中排名第三)一艘巨型油轮在美加交界的威廉王子湾附近触礁，原油大量泄出，在海面上形成一条宽约1 000米、长达8 000米的黑乎乎的漂油带，大量鱼类死亡，水产业蒙受了惨重的损失，生态环境遭受到巨大的破坏。事故发生后，埃克森公司既不向当地政府和公众道歉，也不彻底调查事故原因，更不采取有效措施清理漂油带，致使当地生态恶化，引起当地政府、环保组织、新闻界对其群起而攻之，发起了一场“反埃克森运动”。最后，迫于压力，埃克森公司仅清理油污就付出了几百万美元，加上赔偿、罚款和消费者对埃克森的抵制等，总损失达几亿美元。而其社会形象更是跌落到冰点。

2. 不当的危机处理行为

当您的企业产品和服务面临危机时，下列事情是不应该做的：

（1）采取鸵鸟政策。您希望没人知道这事，也真的认为没有人知道这事，并始终迎合那些向您提乐观建议的人，从而不采取任何措施，对公众的反映置若罔闻。当您这样采取鸵鸟政策的时候，当您的“头”紧紧埋在沙滩里，两耳不闻窗外事的时候，您面临的危机却依然存在，而且，随着时间的推移，随着您的不闻不问的态度，危机会有越演越烈的趋势。

（2）只在危机公开后才开始着手处理初始的危机情形。这与第一项紧密联系。即使您决定不采取鸵鸟政策，您还可以决定不做任何准备，放任危机的扩大。实际上，在危机公开之前，您仍然有其他的积极选择。例如，您可以研究，甚至测试一些事先计划好的重要内容，这可能会帮助您在危机公开之后，同相关人员进行及时可靠的沟通，而实际上您不会这样做。危机发生后，为了让您的危机在公众心目中有一个较强的支点，请务必保证您的发言是从防卫者的角度出发的——这是很容易做的，完全随意，无须事先准备，无须事先排练好的发言。可是，很遗憾，您没有这样做，您选择了让危机公开，您选择了让您企业和您的形象受到损害。

（3）让您的声誉为您说话。您认为您的企业和您的声誉足以应付任何危机，所以，您不用开展危机公关。您把所有的危机都看得不值一提。“难道不是每个人都认为我们很重要吗？”您会抱怨。您自以为是商场上的巨人，而公众是从来不吃任何商场巨人那一套的，所以，您注定要失败。

（4）视媒体为敌人。以各种方式告诉记者，您觉得他或她在报道您的企业时做得非常糟糕，您不愿意再与他或她谈话了，或者您在大众论坛上说他或她的坏话，给他或她发讨厌的传真，然后坐下来，独自欣赏。结果：他或她非常愤怒，并将这种情绪至宣泄您的企业报道中；他或她嘲笑所看到的一切，并确信您一无是处。

（5）陷入被动回应模式，不采取积极主动姿态。许多人说过，一篇消极的文章能突然间肢解一个企业。消极的文章见报后，您发表声明回应，接着，另一篇文章出笼，您得发表另一篇声明。瞬间，您招来了公众的辩驳，这是一个双输的处境，而您也许自认为干了一件很不错的工作！您没有审慎您所采取的这些方式，它们让您的言行招致新闻报道，使您处于舆论风浪口上，任别人随心所欲地评论您的言谈。您却继续执迷不悟，好像您是一个正极力为自己辩护的罪人。

（6）使用您的公众不能理解的语言。您通常使用行话和过时的首字母缩写，令公众迷惑不解，这种自以为是的方式只会使危机更加糟糕。对大多数公众和服务于他们的媒体来说，这些行话和首字母缩写只会引起他们的疑问：这是什么？因为他们不是某一领域的专家，他们不懂您的意思，他们也不想弄懂。这时候的您在危机还没有解决的时候，又伤害了公众的自尊，因为他们不懂的行话让他们觉得自己浅薄无知，他们很嫉妒您也更恨您。

（7）总自以为别人与您一样知道事实。您知道事情的真相，同时，您认为公众最终也会意识到这一点。您漠视早已被证明的观点：自以为是会造成损失，有时甚至更严重。

（8）一味发表观点，忽视公众的感情。一味强调客观原因，一味发表自己对危机的主观处理意见，一味要求公众理解和谅解……从不或者较少了解公众对危机的反应，以及公众的感情。以自我为中心，而不是以公众为对象进行公关工作，所以，您注定要失败。

（9）一味做书面声明。只通过书面声明进行沟通是非常容易的，因为您不必担心别人看了或听了声明后觉得您愚蠢，而且您的言谈被误引用的概率很小。当然，这种沟通是非个人的，一些人会认为您害怕了，把自己给藏起来，不让别人见。但您却觉得他们错了，因为您知道对于您来说什么是重要的。

（10）使用“最好的猜测”方法来评估危机招致的损失。“哦，天啊，我们处在头版位置，我们被毁掉了！”您也许刚刚惹出了大祸，也许，您只是惹出了小祸。可您拒绝花一小块时间或小数额的费用悄悄地调查对于您最重要的公众的想法，并调查他们的想法是否与媒体的观点相符。结果，情形变得更加糟糕。

（11）重复地做同样的事情，期待不同的结果。当您最后一次遭遇消极的新闻报道时，也许在法律顾问的建议下，或只是因为您觉得不管您说什么，媒体总是曲解您的话，于是，您不再回复媒体的电话。由于您的不回复，媒体对您的“曲解”没完没了……在这没完没了中，您及您的企业就再也站不起来了。

六、转危为机：媒体应对

或许您已经发现了一个奇怪的现象：在我们的生活中，有些时候占上风的并不是那些最优秀的，达尔文的“优胜劣汰”规则在那里不起作用。

有一句话叫“天鹅常被第一只癞蛤蟆吃掉”，说的是美丽女生有一个平庸的男朋友，而优秀男生的女友又常常长相平平。好的产品和服务无人问津，而招摇撞骗的劣等产品和服务却被世人热烈追捧。这样的情况频频出现，绝非偶然。怎样解释它呢？用一句经济学的术语就是“劣币驱逐良币”。

“劣币驱逐良币”是经济学中的一个著名定律。该定律是对这样一种历史现象的归纳：在铸币时代，当那些低于法定重量或者成色的铸币——“劣币”进入流通领域后，人们就倾向于将那些足值货币——“良币”收藏起来。最后，良币将被驱逐，市场上流通的就只剩下劣币了。

信息不对称是“劣币驱逐良币”现象存在的基础。因为如果交易双方对货币的成色或者真伪都十分了解，劣币持有者就很难将手中的劣币用出去；或者，即使能够用出去也只能按照劣币的“实际”而非“法定价值”与对方进行交易。

不对称信息理论的开创者是美国加州大学经济学教授乔治·阿克洛夫，他描述了这样一个简单的模型：

假设有一个二手车市场，里面的车虽然表面上看来都一样，但其质量有很大的差别。卖主对自己车的质量了解得很清楚，而买主却没法知道想买的车的质量。假设汽车的质量由好到坏分布比较均匀，质量最好的车价格为50万元，买方愿意出多少钱买一辆他不清楚质量的车呢？最正常的出价是25万元。那么，卖方会怎么做呢？价格在25万元以上的“好车”主人将不再在这个市场上出售他的车了。这样一来，就进入恶性循环状态，当买车的人发现有一半的车退出市场后，他们会判断剩下的是中等质量以下的车了，于是，买方的出价就会降到15万元，车主对此的反应是再次将15万元以上的车退出市场。依次类推，市场上的“好车”将会越来越少，最终导致这个二手车市场的瓦解。

“劣币驱逐良币”的困境并不是无法摆脱的，只要使信息充分流动，这个问题就能够解决。利用一切机会“Show”（秀）自己的产品和服务是充分提供信息的一条有效途径。“Show”自己的产品和服务就是要将自己的产品和服务通过各种机会塑造成为名牌，名牌的服务在市场经济中才能够避免或减少“劣币驱逐良币”的情况。

任何服务品牌都离不开宣传，但宣传是有效果、技巧、成本等问题的。

用最低的成本获得最佳的宣传效果，让社会大众感觉到不是作秀的、不动声色的宣传，让现实客人感觉到是光荣的宣传，让潜在客人感觉到不加入客人的行列是一种遗憾的宣传，让已经加入别的客人行列的客人感觉到后悔的宣传等等，才是最有效的宣传。但要达到这种境界是非常难的。在宣传方面可以参考采取以下方法：

（1）主动报道。我们自己主动写稿，将我们好的服务理念、服务事迹、服务标准、客人的称赞和表扬等主动写出来。但要防止夸大其词，更要防止编造事实。

（2）重视媒体采访报道。我们应该把媒体采访报道认为是更好的社会监督，和建立更广泛的社会性交流的渠道，因为媒体的报道宣传能引起社会关注，起点更高。同时，媒体身份的客观性，会使客人更能够相信和信任。重视媒体采访报道不是被动地等待媒体的注意，而是要主动与媒体组织和人员搞好关系，主动邀请他们来宣传、报道我们好的服务。1963 年的 3 月 5 日，我们伟大领袖毛主席提出了“向雷锋同志学习”的口号，从此，全国上下掀起了轰轰烈烈地学雷锋、默默无闻做好事的行动。在市场经济的今天，我们在继续学习雷锋的同时，要注意一个小小的变化，就是把“默默无闻”做好事变成“轰轰烈烈”“大张旗鼓”做好事。

我们应该与媒体保持良好的合作关系而不是抱有对立情绪，这样，媒体才可能报道更多对我们服务和企业有利的信息。曾经有人向我寻求怎样识别媒体人员的偏方，我感到纳闷，仔细了解后才知道，他们讨厌媒体人员。不好的服务被媒体曝光后，他们没有检讨自己的问题，却把责任归结为记者的“可恶”，所以他们希望有“火眼金睛”能够一眼分辨媒体人员，然后小心服务以不授“记”于柄。我没有偏方，只有正方，那就是踏踏实实、认认真真做好您的服务，在市场经济的今天，要生存的媒体一定要报道普通百姓关心的事情，这是他们的卖点。人性的弱点是：人们对别人的灾难和打击总是津津乐道，这很悲哀吧。因此，生存的压力需要他们去迎合人们的需要，“报忧不报喜”已成为了他们的习惯。您的“好”和“喜”靠什么来报道？靠您与媒体的良好关系，靠您的主动。有一个商场，为客人的利益着想，绝不让假冒伪劣坑害消费者，所以，商场自己默默地搞了一次打假活动，把凡是有可能涉嫌“假”的商品一律清理下柜，价值40多万的产品被付之一炬。动机善、行为佳，但是，我却感到遗憾，为什么没有请媒体现场报道？这说明我们的服务企业还缺乏“Show”的意识和行为。

（3）客人的口碑效应。巧用客人、旁观者的角度来宣传，是一种最好的宣传手段。把每一个服务机会都看成是建立客人忠诚度的机会，提供一贯优良的、值得回忆的产品和服务。

七、转危为机：凤凰涅槃

人生有四样东西一去不返：说过的话、泼出的水、虚度的年华和错过的机会。利用的机会越多，创造的新机会就越多。弱者等待机会，羡慕强者有无数的机会，其实，强者与弱者最大的区别是强者能够把握每一个平凡的机会。

一位领导干部为学员讲课时说了这样一段话：一流的员工，没有机会，创造机会也要上；二流的员工能够把握住自己的机会；三流的员工，能看到机会但会眼看着机会溜走；四流员工，永远不知道机会曾经来过。您愿意做哪一流的呢?

一、把握机会

人们常会将某人定位为具备某种专长的专家，例如在银行中，有人被认为是客服专家，有人是金融专家……甚至有人被认为只会财会、只会电脑。这种观念造成工作指派时，主管将某些工作固定给某些人做，让其他人想做也没有机会，而不想做的人也常以“这不是我的专长”做借口来推卸工作，如此循环，最终导致员工的专长和能力越来越局限。没有人一出生就具备某一种或数种专长和能力，每个人的专长都是在学习与千锤百炼的实践中得来的，因此只要把握住每一次机会，就可以学到许多专长，具备各种能力。

记得有一位名人说过：“跌倒了也要顺手抓一把沙起来。”意思就是要把握每一个机会让自己成长，即便是失败，也要学到宝贵的经验，这也印证了一句俗话：“跌断手骨，反倒更勇猛。”

复杂的工作环境、现实无情的挑战常逼得我们几乎无法呼吸，但勇敢接受各种不同挑战，也正是成长的最佳机会。因此挑战来临时，也就是机会来临时。所以，千万不要说“我不会”，而是要切实把握机会、努力学习，如此才能让自己更成熟、更老练，更能适应各种压力与挑战。唯有把握每一次提升自己实力的机会，创造自己的价值，才有“机会”成为下一位令人羡慕的成功者。

人的一生中，幸运女神都至少光临过一次。当她发现人们没有准备好迎接她时，她便从门进来，从窗子出去。不要等待千载难逢的机会。抓住平凡的机会使之不平凡。成功和失败只有一线之隔，不经意中我们就会跨过界线，而我们也常常站在这界线上，自己却浑然不知。多少人只要他们再付出一点努力，再多一点耐心，就会取得成功，而在这紧要关头他们却无可奈何地放弃了。

经常有人善意地询问我主讲哪门课程或讲得最精彩的课程是哪门？这样的问题让我非常难回答。我想告诉他们，我讲的课程太多太多，讲得精彩的也不少，这样的回答可能会令他们失望，误会我在敷衍或太狂妄。其实，30 多年来，我一直秉承一点，就是把握每一个机会去“传道、授业、解惑”。如果是我的所学和专长，我会将它发挥得更加淋漓尽致；如果是我的“外行”，我更不能掉以轻心，我会以比别人更多的牺牲和付出来学习、准备我的教学，尽己所能使我的教学服务更完美。把握每一次机会为别人服务，在满足客人的同时提升自己、超越过去，这是最有价值和最美丽的人生体验。

人生要懂得把握机会，一次机会或许可以使您的一生发生转变，然而这样的前提就是参与，不做怎么知道自己行不行？参与的服务越多，您的服务机会就更多，这跟滚雪球是一样的道理，只有在不断的滚动中，您才能不断地成长、壮大。

二、创造机会

在“文革”年代，听得最多的话之一是“有机会要上，没有机会创造机会也要上”。这种“人定胜天”的豪迈让我们国家有了自己的大油田，有了一座座荒山变良田的奇迹。市场经济的今天，在尊重客观规律的同时，创造机会被某些人认定为违反客观规律、不科学的行为，所以，大多数人又开始等待机会。我个人认为，创造机会是一种态度，一种主动、积极的人生态度。它要求您在尊重客观规律的基础上主观能动地去创造机会。

1976 年，乔·吉拉德在汽车服务方面又一次取得了骄人的成绩，他以一对一的方式服务出去的小汽车和卡车比世界上任何人都要多。这已是他连续11年获得这样的荣耀。从下面这份统计数字可以看出乔·吉拉德11年来辉煌的工作业绩。

年度	销出的汽车和卡车数量
1966	614
1967	667
1968	708
1969	764
1970	843
1971	980
1972	1208
1973	1425
1974	1376
1975	1360
1976	1285

乔·吉拉德在小汽车和卡车的零售方面，完全可以说是鹤立鸡群。在11年里，他服务出去的汽车数量，世界上没有任何一个人能够望其项背。

他成功的诀窍是什么呢？

“跟其他人一样，我并没有什么诀窍。”乔面带笑容说道，“我只是在服务世界上最好的产品，就是这样。我在服务乔·吉拉德。”

乔·吉拉德确实是世界上最好的产品，他真诚热情、满怀爱心和感激，他善于观察和了解客人，并能够适时、适当地赞美客人，像对待大人物一样对待客人，让每一位客人在他那里都会有受宠若惊的感觉。同时，他还有很好的服务技巧，说客人感兴趣的而非自己感兴趣的，他会适时地闭上他的嘴而等待客人签单。当然，他的每一位客人都感觉乔喜欢他、爱他，因为每一位不管是有意或无意光顾了他的店的客人，都会在自己最重要的日子里收到乔·吉拉德的写有“我爱您”“我想您”“我喜欢您”等等话语的祝福卡片。这是他最聪明和最优秀的地方，被人牵挂是一种快乐，而同时还被人喜欢或爱着更是一种幸福。客人对他的付出的回报就是自己掏钱或介绍朋友来购买他的车。光顾之客都能够得到他的热情的卡片，这来源于他完善的、与众不同的客史档案。大多数服务者的客史档案一定是购买了服务的客人的基本情况，而乔很特别，他的客史档案是所有曾经与他交谈或曾经光顾过的人的，档案上的内容事无巨细、包罗万象。

乔在交付车的时候会拿出一沓大约 25 张的名片放进新车的储物舱里，然后向客人宣布：“格林先生，这下无论您到哪儿，我都跟着您了。记住我的话。每次您给我介绍一个客人，您都会得到 25 美元。还要记住一定要把您的名字写在名片的后面，您可以让他们在来我这儿之前先去其他商店问问价钱。别忘了……”

乔得意地说：“我拥有世界上最大的民间销售网。我教他们这样说，去找我的朋友乔吧，他不会亏待您的……”

乔非常巧妙地创造了为客人服务的机会。一个人的力量是有限的，但群体的力量是无限的。群体是由一个一个单独的人组成的，一个一个单独的人也就是一个一个不同的资源点，因而群体也就是人们常说的人脉资源，对人脉资源的发展、维护已成为现代人必需的工作，服务行业的人更是如此。您的客人资源就是您最大的人脉资源，所以，您应该有建立您的客人档案的良好习惯。

怎么管理自己的人脉资源？其中一个重要的方面，就是客人档案的管理。但往往我们的客人档案大多较为简单，比较零乱，很少有整理得清清爽爽的客人档案。很多企业简单地把客人档案当成一个普通的电话号码本，自然也就没法来好好管理了。

客人档案与我们日常用的客史档案差不多，只不过要稍微细一点罢了。具体的联系方式被制作成一张简单的表格，内容包括客人的姓名、所属行业、公司、职务、办公电话、宅电、手机、家庭情况、子女情况、个人网站、E-mail、紧急联系方式、出生年月、兴趣爱好等。

因为许多客人的资料及联系方式都有可能发生变化，所以客史档案和客人档案都需要进行及时的修改更新。为了进一步稳定与客人之间的关系，除了保持联系外，定期的小礼品寄送是必不可少的。毕竟，“礼多人不怪”，虽说这点东西也不值多少钱，但给对方的感觉非常好，谁不希望自己被人重视、被人牵挂呢？

如果您能够如此长期经营自己的客人源，好处渐渐就会随之而来！马克思说：“人是一切社会关系的总和。”其实，社会关系就是人脉，人脉旺了，机会就多了，做事不成功是没有可能的。

创造机会当然也包含着对自己能支配的资源的充分了解和利用，利用合理了，机会就产生了，就这么简单。

三、珍惜机会

人生在世，需要珍惜的东西很多，但人们往往在失去它之后才想到珍惜二字，而这已经为时太晚了。因而，学会珍惜、懂得珍惜会使我们的生活多几分甜美，少一些遗憾；多几分幸福，少一些痛悔。

珍惜时光，是古往今来常谈常新的话题。时间就是生命，浪费时间就是浪费生命，所以珍惜时间是珍惜一切事物的根本。“一寸光阴一寸金，寸金难买寸光阴”，这是老百姓的感悟；“莫等闲，白了少年头，空悲切”，这是诗人的慨叹；“一万年太久，只争朝夕”，这是伟人的自抒胸臆。在这一点上，百姓、伟人、士兵、统帅，大家的看法都一致。

珍惜机遇，我们不仅要创造机会，更要珍惜每一次机会，珍惜对客服务的每一次机会。将每一次服务都当作最后一次来做，那样的服务一定是非常完美、非常温暖的服务。

5年前，站在第三届全国广播电视节目主持人“金话筒”大赛的领奖席上，凭借1.76米的高挑身材，自然、大方的主持风格，手捧银杯时的灿烂笑容，王玲玲引起了千万人的注意。从那时起，王玲玲的名字就随着电视节目走进人们心中。多年的追寻与努力，王玲玲得到了领导的认可和观众的掌声。当被问到最大的感触是什么时，她说：“珍惜时间，珍惜机会，珍惜身边发生的每一件事。”

1997年香港回归的时候，王玲玲幸运地被选为“1997年香港回归大型演唱会”的主持人。对于一个正在广播学院进修的学生来说，能够得到这样的机会相当不容易。那几个月她每天早晨5:00起床，晚上12:00以后才睡下，甚至有时梦里念的都是台词。下了课一有空闲，她就会从兜里掏出台词对着镜子一遍又一遍地练习，有时为了一个字她会练上好几遍，直到最后能字正腔圆地发好每一个音节。有人问她就这念几句台词用得着这么较真儿吗？她却说：“台词的多少不是问题，因为一句台词就是一个机会。”

面对曾经的往事，她只是淡淡地说：“我遇到过冷落，也曾不被认可，甚至曾经动摇过自己的追求……这些难以忘怀的困难我都很珍惜，因为它们是只属于我的财富，并且我会带着它们勇敢地向前冲。”有人说，生命是一种幸

福。也许，这幸福的本质就在于拥有，拥有青春，拥有时间，拥有机会，拥有许许多多。然而，有多少人因虚度年华而悔恨，有多少人因碌碌无为而羞愧，而现在唯一能做的就是珍惜我们现在所拥有的一切！

珍惜机会，就是在有机会为别人服务的时候，尽心尽力、兢兢业业，毫无怨言地做好每一件细小而琐碎的工作。就是把成功的喜悦记在心头，让它为我们指引前进的方向；把失败的教训放在身后，让它时刻在我们身后为我们敲响警钟。

阿诗是永安百货公司的一位员工，年仅19岁，只有高中学历的她，被客人形容为十分难得的员工，到底她有什么“难得”之处？

“难得”之一：优良的服务态度

工作仅两星期便收到客人及公司的赞赏信，阿诗表示很开心，她描述当日为客人服务的情形：“我是在女装部工作的，那天刚开始营业，有两位女士选购衣服，其中一位试穿了十多套衫裤和围巾，期间我逐一替她找出合适的尺码、为她搭配颜色和饰物，亦给予她一些意见，最后她买了一件衫、一条裤和一条围巾。”被折腾了大半天，所买的又不多，不觉得白费心机吗？阿诗笑称：“这是我的工作嘛！是我应尽的责任，那位客人赞赏我不厌其烦地替她挑选衣物，我反而喜出望外呢！”优良的服务态度，就是一种“以客为本”、不望回报的态度！

“难得”之二：热诚的工作态度

每天要站立那么长的时间，不断为客人提供服务，有时甚或遭受恶待，但阿诗一点也不觉得辛苦，反而十分喜欢这份工作：“以前做过销售，已习惯长时间站立，亦发觉自己喜欢做这行；以前做的都是小店铺，全都是自学，现在在大公司工作，可接受有系统的培训，学习包装、客人服务等知识。”由于对工作有一份热诚，家住元朗的阿诗，每天往来黄埔上班，车程超过3小时，却毫无怨言，更谓：“做事不能只用金钱去衡量，青年人也不应计较太多，况且新界人口多、工作少是不争的事实，如果不干连机会都没有！”工作的热诚，就是无论离工作地有多远，工作有多辛苦、有多困难，也乐于接受！

是什么驱使阿诗有这么积极的思想？原来是失败！“其实以前我也很挑剔，动不动就辞职不干，但经历多了，试过不停找工作都失败的滋味，人便开始转变。我之前在外面见了超过50份工，份份都失败，我深深体会到原来有工作并非必然，再想自己学历经验又不比人优秀，何来挑剔的资格？所以一有工作机会我便好好珍惜。”阿诗认为就是她这种“珍惜”的态度，打动了雇主，给予了她一个工作的机会。

服务岗位是人生旅途拼搏进取的支点，是实现人生价值的基本舞台。珍惜服务机会，就是珍惜生命，进而才有机会提高自己的人生价值。

然而，有的服务人员不珍惜服务的机会，总是心浮气躁、好高骛远，这山望着那山高。大事干不了，小事不愿干，结果是错失一个又一个发展的机会，永远在后悔中抱怨度日。

珍惜“为人民服务”的机会，“为人民服务”不是一句口号，应该是每一个人最根本的行为愿望。

四、个人危机管理

除了服务企业的危机公关外，服务者个人的危机处理，也是影响服务的大事。通常，服务者个人面对的危机有下面几项：

1. 工作危机

企业可能会倒闭，我们可能会失去工作。心理学对这种现象进行了分析。

首先，**Yerkes-Dodson** 规律表明，随着焦虑程度的加深，人的业绩也会提高。当焦虑度达到一个理想水平时，业绩也会随之达到最高点。不过，如果焦虑程度过高，业绩也会下降。

其次，当成功概率达 **50%** 时，人们取得成功的动力最大。换句话说，如果人们追求的目标或接手的任务具有挑战性，但仍有极大可能成功时，人们追求目标或接手任务的动力最大。

我们可能会失业，更可能不能按时完成，甚至根本就没有能力完成这项工作。随时随地，我们都面临工作危机。

2. 情感危机

因受工作忙碌、职业压力大、交际圈子窄小等外界因素影响，延误个人情感生活，或者目前的情感生活不尽如人意，感情上会出现失重状态。

3. 规划危机

调查表明，56% 的服务者，特别是女性，处于长期机械忙碌的工作中，无法对自己的兴趣、水平、能力、薪资期望、心理承受度等进行全面分析，进而做出较为准确和理智的职业规划。

当您每一天盲目地奔走在从家到公司的两点一线时，想象不出几年后自己的工作将发展到哪一步，眼下的工作只是既定的程序，以后会做什么、想做什么，您毫无头绪。日复一日地重复相同而琐碎的事务，有一种被掏空的感觉，对于未来，却迷茫无措，没有合理规划的工作会毫不留情地把您带入规划危机。

4. 身体危机

因职业需要，服务者的健康会受工作环境影响（如被迫接受电脑辐射、长期站立、疏于运动、长期高空飞行）出现身体不适和疾病，造成积累性机体受损。显然，过度的资讯饱和、长期的机能失调、工作过量和不良的工作环境是导致身体危机的主要因素。

千万不要以为自己年轻而充满活力的身体可以抵抗任何外来侵害，表面看起来似乎和三年前没什么两样的身体或许正走在岌岌可危的钢丝线上。

5. 服饰危机

在职场里，服饰问题不在于您打扮得漂亮醒目，而在于您是否做到“职业化着装”。因此，无法穿着得体、着装风格尴尬及着装形象达不到预期目标的情形，会对职业人士产生相当大的困扰。怎样穿衣服令不少人为之烦恼，穿着打扮是一门隐形学问。调查表明，至少 60% 的女性找不到上班要穿的衣服，在镜子前不停换衫把人折腾得筋疲力尽。

6. 反应危机

长期得不到充分休息与放松，缺乏良好的心理调节之后，如果外界压力陡然增大，会导致不良情绪和反应障碍的产生，轻则焦躁不安、注意力降低、惶恐紧张，重则出现反应异常，有引发抑郁症的可能。

服务者如何在“危”难之中把握“机”会是很重要的。至少需注意以下几点：

（1）该告诉的人一定要告诉，不该告诉的人则一句不讲。在遇到个人危机时，因业务关系一定要把真相告诉顶头上司和直属部下。

（2）先想好要回答的问题的答案。

（3）对同事伸出的援助之手，要坦然接受，同事愿意代劳的则让其代劳。

（4）在面临个人危机的时候，服务工作表现得更好一点，会给人留下特别深刻的印象。

（5）为了别人的同情和安慰而找同事诉苦，公私不分明，给人禁不起风浪的印象，这样对解决个人危机没有益处。

（6）危机过去后，一定要对帮助自己渡过危机的人表示感谢。还不只是礼貌，更为重要的是公关。遇到个人危机虽属不幸，但处理得好，也可能是个好机会。

所以，危机是危险，更是转机，当您很适当地处理危机时，机会自然而然会随之而来。

服务是一门科学，它需要若干的服务理论的支撑；也是一项艺术，服务技巧的掌握和运用因时、因事、因人而各有千秋；服务更是做人之道，世界上每一位优秀的服务者，都是做人的标兵和楷模。所以，“心要美好不投机”是做人之道、服务之本。

世界上本没有完美，但我们追求完美的心不变，追求完美的步伐永不会停，我们一直在通向完美的路上！

小结

◎ 对危机的反应要适度的根本原则就是——该说就说，不该说的时候要立即闭嘴！

◎ 道歉的好处在于，它可以冰释前嫌，消除客人对自己和公司的恶感，也可以防患于未然，为自己留住知己、赢得朋友；为公司留住忠诚客人。

◎ 理解才能被理解，付出才能收获。

◎ 世界上没有难缠的客人，只有难以应付的事情。

◎ “慎独”是修养的一种最高境界。

◎ 贴标签的目的是为自己的不好服务或不服务提供依据和支持；分类的目的是为了根据不同的客人提供不同的服务，让每一类客人都能够享受到更好的服务，同时，也让我们的企业能够更合理地分配服务资源。

◎ 弃瑕忘过。给客人贴标签会让您的客人愤怒，以致做出一些常人难以理解的举动，于您、客人及公司都没有任何益处。

◎ 失去客人的最好方法之一是：对客人的投诉置之不理。

◎ 企业要“欢迎抱怨”、培训客人投诉、方便客人投诉。

◎ 投诉处理原则一：在可能的情况下，尽量隔断投诉客人与其他客人间的联系。

◎ 投诉处理原则二：在客人情绪平静后，再寻求解决方案。

◎ 投诉处理原则三：法律武器作为投诉处理的底线。

◎ 参与的服务越多，您的服务机会就更多，这跟滚雪球是一样的道理，只有在不断的滚动中，您才能不断地成长、壮大。

◎ 将每一次服务都当成最后一次来做，那样的服务一定是非常完美、非常温暖的服务。

◎ “劣币驱逐良币”是经济学中的一个著名定律。该定律是对这样一种历史现象的归纳：在铸币时代，当那些低于法定质量或者成色的铸币——“劣币”进入流通领域后，人们就倾向于将那些足值货币——“良币”收藏起来。最后，良币将被驱逐，市场上流通的就只剩下劣币了。

◎ “劣币驱逐良币”的困境并不是无法摆脱的，只要使信息流动充分，这个问题就能够解决。利用一切机会“Show”自己的产品和服务是提供充分信息的一条有效途径。

◎ 我们应该与媒体保持良好的合作关系而不是抱有对立情绪，这样，媒体才可能报道更多对我们的服务和企业有利的信息。

◎ 客人的口碑效应：巧用客人、旁观者的角度来宣传，是一种最好的宣传手段。

◎ 服务补救不仅仅能补救服务的裂缝，增强服务企业与客人的良好关系，还能为服务企业提供有价值的改善服务的信息资源。建立服务补救系统，授权员工解决服务失误是非常重要的。

◎ 生于忧患，死于安乐！

◎ “说真话，赶快说！”这是危机转变为生机的法宝。

◎ 危机是危险，更是转机，当您很适当地处理危机时，机会自然而然会随之而来。

参考文献

[1] 李飞龙 . 如何当好班组长 [M]. 北京：北京大学出版社，2003.

[2]D. 卡内基 . 卡内基沟通与人际关系 [M]. 海口：海南出版社，三环出版社，2004.

[3] 李金水 . 成功三件事——敢想 能说 会办事 [M]. 北京：海潮出版社，2004.

[4]W. 吉，J. 吉 . 金牌服务 [M]. 北京：中信出版社，2004.

[5] 殷生 . 完美服务之路 [M]. 北京：电子工业出版社，2002.

[6] 陈淑君 . 饭店管理基础知识 [M]. 北京：社会劳动保障出版社，2005.

[7] 成君亿 . 水煮三国 [M]. 北京：中信出版社，2003.

[8]T. 安纳斯塔西，张彤 . 赢的沟通 [M]. 北京：经济管理出版社，1999.

[9] 陈淑君 . 这才叫服务 [M]. 北京：人民日报出版社，2011.

图书在版编目（CIP）数据

什么是服务 / 陈淑君著. —重庆：重庆大学出版社，2016.9（2018.3重印）

ISBN 978-7-5689-0061-4

Ⅰ. ①什… Ⅱ. ①陈… Ⅲ. ①服务意识–研究 Ⅳ. ①D63

中国版本图书馆CIP数据核字（2016）第194869号

什么是服务
shenme shi fuwu
陈淑君　著

责任编辑　张　维
装帧设计　刘　伟

重庆大学出版社出版发行
出版人　易树平
社址　（401331）重庆市沙坪坝区大学城西路 21 号
网址　http://www.cqup.com.cn
印刷　重庆共创印务有限公司

开本：880mm × 1240mm　1/32　印张：10　字数：204千
2016年9月第1版　2018年3月第3次印刷
ISBN 978-7-5689-0061-4　定价：39.00元